커피 이야기

차례
Contents

03 커피, 이 시대의 성수 06 커피의 식물학적 정의 13 커피의 원산지 17 커피의 전파 42 한국과 커피 50 커피의 가공방법 57 커피의 맛과 향 78 사회정의와 커피 86 커피, 편견의 억울한 희생자

커피, 이 시대의 성수

커피의 사전적 정의는 '기호품'이다. 국어사전을 펼쳐보면 기호품(嗜好品)이란 영양을 취하려는 것이 아니라 향기나 맛 또는 자극을 즐기기 위한 것이라고 나와 있다. 그러나 커피 없는 하루를 상상할 수 있을까? 어느덧 커피는 일상을 영위하는 데 꼭 필요한 현대인의 생필품(生必品)이 되었다.

우리는 커피로 하루를 시작한다. 아침이면 커피를 마셔야 눈이 떠지고, 정신이 또렷해지며, 또 다른 하루를 치러낼 준비를 마친다. 식사 후 커피를 마시지 않으면 무언가 마무리를 하지 못한 듯 허전하다. 또한 커피는 일상의 쉼표이다. 오후 서너 시, 바쁜 업무를 대충 마무리한 샐러리맨들은 휴게실 자판기에서 커피 한 잔을 뽑는다. 직장 동료들과 마시는 달고 진한 커피 한 모금은 무엇과도 바꿀 수 없는 쾌락이다.

커피는 만남과 인연의 시작이기도 하다. 토요일 오후 시내 요처에 위치한 호텔 1층 커피숍을 들여다보라. 청춘남녀들이 커피를 앞에 놓고, '이 사람이 과연 반평생을 함께할 나의 반쪽일까' 하는 생각에 골몰하고 있다. 커피는 상대방의 값어치를 평가하는 이성(理性)이라는 계산기가 더욱 잘 돌아가도록 돕는 윤활유이자, 영 아니다 싶은 맞선 상대에게 눈길을 주지 않으면서도 결례하지 않는 데 맞춤한 도구가 된다.

커피는 인류의 발전을 묵묵히 도왔다. 커피에 함유된 카페인은 인간 두뇌의 능력과 활동을 경이적으로 팽창시켰다. 독일계 유대인 역사학자 하인리히 에두아르트 야콥(Jacob)은 그의 저서 『커피의 역사』에서 커피로 인해 수많은 사람들이 고대, 즉 커피가 발견되기 이전 시대에는 극소수의 천재들에게나 가능했던 뛰어난 업적을 이룩할 수 있게 됐다면서 "한 잔의 커피는 그야말로 기적"이라고 찬양하기도 했다.

카푸치노(cappuccino)의 어원이 된 가톨릭 사제가 성인(聖人) 직전 단계인 시복(諡福) 품위를 받았다는 외신 보도가 있었다. 17세기 프란체스코 수도회 산하 카푸친(Capuchin) 분파 소속 수도사였던 마르코 다비아노(Daviano)는 1683년 열정적인 설교와 연설로 기독교 연합군의 사기를 고무시켜, 당시 신성로마제국의 수도였던 오스트리아 빈을 이슬람교를 믿는 오스만 제국으로부터 지켜내는 데 기여했다고 알려졌다.

이때 오스만 군대가 버리고 달아난 군수품 중에는 500포대의 커피원두가 포함되어 있었다. 이 커피원두로 끓인 커피에 우유를 첨가한 커피는 다비아노가 속한 카푸친 사제들의 갈색 덧옷과 그 색이 비슷했고, 빈 시민들이 다비아노를 기리는 의미에서 이를 카푸치노라고 부르기 시작했다는 전설이 남아있다.

다비아노를 폄하하려는 의도는 없다. 그러나 중독성 있는 향, 마실수록 감미로운 쓴맛, 각성효과, 마음의 평화까지 제공하는 커피가 인류에 미친 긍정적 영향을 고려한다면 성인의 칭호는 마땅히 커피에게 돌아가야 하지 않을까 의문을 던지게 된다. 이 시대의 성수(聖水), 커피에 대해 알아보자.

커피의 식물학적 정의

커피는 인간이 물 다음으로 많이 마시는 음료이다. 전세계에서 하루에 소비되는 커피의 양은 무려 25억 잔으로, 3명 중 2명은 커피를 마신다고 할 수 있다. 그렇다면 커피는 무엇으로 만들어지는가?

커피는 커피나무에서 열리는 커피열매 한가운데에 들어 있는 커피의 씨앗, 즉 커피원두를 원료로 한다. 커피나무는 꼭두서니(rubiaceae)과에 속하는 상록수로, 아프리카 북부 에티오피아가 원산지이다. 커피나무는 높이가 6-8m이며 가지는 옆으로 퍼지고 끝이 처져 있다. 타원형의 두껍고 짙은 녹색에 광택이 나는 잎이 마주난다. 지름 1cm의 작고 흰 꽃이 잎겨드랑이에 3-7개씩 몰려 피는데, 재스민 꽃과 비슷한 향이 난다. 적도 아래위로 25도 이내, 연평균 강우량 1,500㎜ 이상인 열대 및 아열대 지역에서 자란다.

커피열매는 길이가 15-18㎜정도 되는 타원형이며, 여물면 초록색에서 붉은색으로 변한다. 모양과 색이 비슷하다고 해서 체리(cherry)라고도 불린다. 체리는 붉은 껍질 아래 과육이 있고, 그 안에 커피원두 2개가 들어 있다. 원두는 내과피(內果皮)와 그 안에 있는 또 다른 은색의 얇은 막에 감싸여 있다. 체리가 익으면 끈적한 점액이 내과피를 다시 감싼다. 체리 1개에는 납작한 면이 서로 마주보며 붙어 있는 한 쌍의 길쭉한 반원형 종자가 한가운데에 있다. 이것이 바로 커피원두이다. 커피원두는 잿빛을 띤 흰색이고 평평한 면 한가운데에 홈이 파여 있다. 날것의 커피원두는 쓰기만 할 뿐, 특유의 풍미는 없다. 커피원두를 볶았을 때만이 비로소 우리에게 익숙한 갈색과 구수한 향기를 품게 되는 것이다.

커피원두는 수분, 회분, 지방, 섬유질, 당분, 타닌, 카페인 등의 성분을 함유하고 있다. 전체의 30%쯤을 차지하는 당분이 원두를 볶는 과정에서 커피 특유의 갈색으로 변하며, 향기와 감칠맛을 증대시키는 역할을 한다. 12-16% 정도 함유된 지방은 커피의 향과 관련이 있다. 커피 특유의 쓰고 떫은맛은 타닌 때문이다. 타닌은 레드와인에도 다량 함유되어 있다.

커피의 가장 특징적인 성분은 카페인이다. 카페인을 섭취해 각성효과를 얻으려고 커피를 마신다고 해도 과언이 아닐 것이다. 곧 언급되겠지만 고급 아라비카 커피는 평균 1%, 값싼 로부스타 커피는 평균 2% 정도의 카페인을 함유하고 있다. 커피 한 잔(8온스)에 100㎎, 즉 소금 한 알 정도의 카페인이 들어 있다고 보면 된다. 이는 홍차 두 잔 또는 콜라 등의 청량음료 두 캔(12온스 기준)에 포함된 카페인과 같은 양이다.

일부 체리는 1개의 타원형 원두만을 가지는데, 이를 카라콜리(caracoli)라고 한다. 카라콜리는 스페인어로 달팽이를 의미하는 카라콜(caracol)에서 유래된 것으로 달팽이와 모양이 비슷하다고 해서 이러한 이름이 붙여졌다. 주로 가지의 제일 끝에 맺히며 식물학적 변종으로 생겨난 것인지, 꽃가루 부족 또는 유전적 결함 등으로 생겨난 것인지 그 원인은 아직 밝혀지지 않았다. 그러나 카라콜리는 커피열매의 맛과 향을 1개의 원두에 응축하고 있기 때문에 커피 애호가들로부터 커피의 진주로 불리며 특별한 사랑을 받고 있다.

아프리카와 아시아 열대지방에 약 40여 종의 커피나무가 존재하지만, 커피 생산용으로는 아라비카(arabica) 종과 카네포라(canephora) 종이 재배된다. 커피원두를 구분할 때는 흔히 아라비카와 로부스타(robusta)로 구분하는데, 이때 아라비카는 아라비카 종 커피나무의 열매이며, 로부스타는 카네포라 종에 속한 여러 품종 중 하나인 로부스타 커피나무의 열매를 지칭한다. 카네포라 종에는 아프리카 중부를 원산지로 하는 리베리카(liberica) 커피나무도 있으나, 원두의 품질이 열등해 소량만이 생산·소비된다.

아라비카는 '커피나무의 귀족'이라고 불러도 별 무리가 없을 듯싶다. 우선 혈통부터 다르다. 로부스타, 리베리카 등 '서민' 커피나무들이 2쌍의 염색체를 지닌 반면, 아라비카는 4쌍의 염색체를 지니고 있다. 다른 커피나무는 꽃이 피고 10~11개월이 지나야 커피열매가 빨갛게 익는 반면, 아라비카는 9개월이면 충분하다. 또한 아라비카는 귀족적 출신성분에 걸맞게 연약하다. 해발 1,000-2,000m의 높은 산비탈에서만 재배되는 아라비카는 지대가 낮을 경우 열을 지나치게 많이 받을 우려가 있고, 지대가 높을 경우에는 얼 위험이 있다. 덥지도 춥지도 않은 섭씨 15-24도의 기온에서 연평균 강우량 1,500-2,000㎜의 지나치게 습하지 않은 규칙적인 비와 함께 따갑지 않으면서도 충분한 햇볕을 받아야 한다. 뿐만 아니라 병충해에 약하기 때문에 언제나 인간들의 시중을 받고 산다. 수확량은 헥타르당 1,500-3,000kg으로 로부스타의 절반 수준에 불과하다.

아라비카 커피나무는 원산지가 에티오피아로, 1753년 스웨덴 식물학자 카롤루스 린네(Linnaeus)에 의해 처음으로 학계에 등록되었다. 가장 많이 알려진 품종으로는 티비카(Typica)와 부르봉(bourbon)이 있으나, 커피 재배가 전세계로 확대되면서 다양한 품종이 계속 등장했다. 브라질과 콜롬비아에서 재배되는 카투라(Caturra), 브라질의 문도 노보(Mundo Novo), 중앙아메리카의 티코(Tico), 세계에서 가장 비싼 자메이카의 블루마운틴(Blue Mountain) 등이 아라비카 커피에 속한 커피나무 품종들이다. 중남미, 아프리카 중부 및 동부, 인도, 인도네시아 일부 지역 등에서 재배된다.

이에 비해 로부스타는 라틴 어원을 공유하는 영어 단어 '로버스트(robust)'가 '강건한' '건장한' '튼튼한' '거친' 등의 의미를 가지고 있는 것에서 짐작할 수 있듯, 수확량이 많고 재배가 어렵지 않은 커피나무이다. 아프리카 콩고가 원산지로, 1895년 처음 학계에 보고되었다. 해발 700m의 낮은 평지에서도 잘 자라기 때문에 대규모의 기계 재배가 가능하다. 섭씨 24-30도에 연평균 강우량이 2,000-3,000㎜인 열대지역에서 특히 잘 재배된다. 수확량도 헥타르당 2,300-4,000kg으로 많은 편에다 병충해에도 그다지 영향 받지 않는다. 아프리카 중부 및 서부, 동남아시아, 브라질 일부 지역에서 재배되고 있다.

까다로운 아라비카가 이토록 대접받고, 로부스타가 천대받는 까닭은 바로 품질 때문이다. 아라비카는 로부스타와는 비교할 수도 없을 만큼 맛과 향이 월등하다. 높은 고도에서 천천히 여무는 아라비카는 풍부하면서도 복합적인 맛과 향을 품게 된다. 그러나 많은 국가들이 재배하기 쉽고 수확도 많은 로부스타 재배로 돌아서고 있다. 1996~1997년 65%에서 2000~2001년에는 60%로 줄어드는 등, 19세기 로부스타가 발견된 이후 세계 시장에서 아라비카가 차지하는 비율은 계속적으로 떨어지고 있다. 특히 최근에 일어난 커피 가격의 폭락은 영세한 커피 재배농가들로 하여금 로부스타 재배로 돌아서도록 부채질하고 있다. 아라비카와 로부스타의 장점을 결합한 교배종도 속속 개발되고 있다.

그러나 로부스타 커피나 교배종 커피는 주로 인스턴트커피 등 대중적이고 저렴한 커피에 사용되고 있으며, 고급 커피에는 여전히 아라비카 원두를 사용한다. 다음은 대표적인 고급 아라비카 커피들이다.

모카(Mocha) 예멘과 에티오피아에서 생산되는 고급 아라비카 커피를 말한다. 산미(酸味)가 있으면서도 전체적으로 부드러워 저녁에 마시기 좋으며 초콜릿 향, 꽃향기가 향기롭다. 재배 지역에 따라 시다모, 이르가체페, 리무로 구분된다.

산투스(Santos) 세계 최대 커피 생산국 브라질을 대표하는 커피다. 산투스 지역에서 생산되며, 산미가 적고 부드러우면서 여러 가지 맛이 적절하게 균형을 이루고 있다.

블루마운틴(Blue Mountain) 블루마운틴은 맛과 향을 모두 갖춘 드문 커피다. 산미와 초콜릿 향이 우아한 이 커피의 여왕은 생산량도 연간 수백여 톤으로 극히 적으며, 이 때문에 가장 비싼 가격에 거래된다. 다른 아라비카 커피보다도 4배 이상 비싸다. 카리브해 자메이카 섬 블루마운틴 산비탈에서 생산된다. 1730년 영국이 자국의 식민지였던 자메이카에 도입했다.

케냐AA 아프리카의 케냐 해발 2,000m 고지대에서 생산되는 커피로, 덜 익은 과일의 새콤한 맛이 오래도록 여운으로 남는 매력이 있다. 케냐와 이웃한 탄자니아에서 생산되는 탄자니아AA는 케냐산과 비슷하지만 좀더 부드럽다. AA는 이 지역에서 가장 크기가 큰 최고급 커피원두에 부여하는 등급이다.

코스타리카SHB 중앙아메리카 국가인 코스타리카의 해발 1,200-1,600m 고산(古山)지대에서 생산된다. 산미가 약하고 쓴맛이 강하면서 전체적으로 진하다. 풍부한 향기를 지니고 있다. 코스타리카는 저품질의 로부스타 커피 재배를 법으로 금지할 만큼 고급 커피 생산에 온 힘을 다하는 나라이다.

콜롬비아 수프레모(Supremo) 부드럽고 향이 풍부한, 아침을 깨우기에 적합한 커피. 수프레모를 포함한 콜롬비아의 커피는 부드러운 맛으로 유명하며, 여러 커피를 섞는 블렌딩(blending) 과정에서 다른 지역 커피들의 강한 맛을 보듬어주는 역할을 한다.

하와이 코나(Kona) 부드러우면서도 톡 쏘는 산미가 있으며, 향기가 좋다. 저녁에 마시기에 적당하다. 해발 4,000m 이상의 높은 화산 산비탈의 비옥한 토양에서 재배된다. 생산량이 연간 500여 톤으로 매우 적어 가격이 비싸다. 1825년 남미대륙을 돌아 하와이에 도착했다.

커피의 원산지

'감자탕의 원조가 누구냐'를 놓고도 싸우는 판에, 세계 최대의 기호음료 커피의 원산지라는 커다란 영예를 놓고 논란이 일지 않는다면 오히려 이상할 것이다. 커피의 원산지는 북아프리카에 있는 에티오피아의 고산(高山)지대라는 설과, 홍해를 사이에 두고 에티오피아와 마주보는 아라비아반도의 남부 예멘이라는 설이 있다. 에티오피아설과 예멘설은 모두 커피를 발견하게 된 상황을 설명하는 그럴듯한 이야기를 가지고 있다.

에티오피아 원조설의 주인공은 칼디(Kaldi)라는 염소치기 소년이다. 2,700여 년 전 어느 날, 당시 아비시니아라고 불리던 에티오피아 남서쪽 카파(Kaffa) 지역의 험준한 산악지대에

살고 있던 칼디는 자신이 키우던 염소가 잠들지도 않고 춤추듯 날뛰는 장면을 목격하게 된다. 칼디는 양들이 숲 속의 작은 나무에서 열리는 빨간 열매를 따먹으면 흥분하고 기운에 넘친다는 사실을 알게 되었다. 호기심을 억누르지 못한 칼디는 자신이 직접 열매를 따먹어 보았다. 그랬더니 온몸에 힘이 넘치고 머리가 맑아지는 게 아닌가. 칼디가 발견한 이 빨간 열매가 바로 커피였다는 전설이다.

예멘 측 전설의 주인공은 알리 벤 오마르 알 샤딜리(Ali ben Omar al-Shadili)라는 이슬람 사제이다. 오마르는 이슬람교의 일파인 수피교 사제로, 기도와 약으로 환자를 치료하는 능력을 가진 자였다. 1258년쯤 정적(政敵)들의 모함으로 예멘 모카(Mocha)항 인근 사막으로 쫓겨난 오마르는 삶과 죽음의 경계에서 오락가락하고 있었다. 이때 오마르는 붉은 열매가 매달린 작은 나무를 보았다. 굶주림과 목마름에 허덕이던 오마르는 이 붉은 열매를 따먹었다. 그러자 신기하게도 피로가 눈 녹듯 사라지고 정신이 맑아졌다. 오마르는 이 열매가 알라(신)의 선물이자 축복이라고 믿었고, 이 열매를 달여 환자들을 치료하는 데 사용했다. 오마르의 소문은 이슬람 세계 전역으로 퍼졌고, 그는 '모카의 성인(聖人)'으로 추앙받기에 이르렀다는 것이다.

위에 언급한 2개의 전설 모두 각각 나름대로 그럴싸한 구석이 있지만, 사실 여부의 확인은 불가능하다. 커피 원산지에 대한 신뢰할 만한 기록이 남아 있지 않기 때문이다. 그러나 커피를 분(boun)이라고 부르는 에티오피아 농부들은 오늘날과 같은 형태의 커피음료가 나타나기 전부터 커피열매를 그대로 먹거나, 씨앗을 빼고 껍질과 과육을 살짝 구워 끓인 음료를 마셔왔다. 커피원두나 잎사귀는 요즘에도 에티오피아에서 귀한 약으로 여겨진다. 또한 북아프리카 출신의 흑인 노예들이 커피과육을 먹었다는 아랍 기록이 남아 있기도 하다. 이러한 근거들로 미루어 역사학자들은 커피의 원산지를 에티오피아로 보고 있다.

그러나 커피를 오늘날의 형태로 발전시킨 것은 예멘의 무슬림(이슬람교도)들이라는 주장에는 누구나 수긍하고 있다. 술을 마실 수 없었던 무슬림들은 술 대신 카페인에 빠져들었다. 이 때문에 커피는 '이슬람의 와인'이라고 불리기도 한다. 무슬림들이 커피를 얼마나 사랑했는지는 커피에 관해 전해져 내려오는 여러 이야기를 통해 확인할 수 있다. 페르시아의 현대 무용담에는 이슬람교의 창시자인 예언자 마호메트가 졸음을 이기려 애쓰고 있을 때 천사 가브리엘이 나타나 세상에 알려지지 않은 음료를 주고 갔으며, 이 음료가 바로 커피라는 이야기가 있다. 커피가 바로 신의 선물이라는 것이다.

독일의 역사학자 하인리히 에두아르트 야쿱(Jacob)은 『커피의 역사』에서 "무슬림들이 '사물의 좋은 특질을 잘 끄집어내고' '머리 아픈 논쟁'을 잘하는 것은 모두 아라비아 문명의 '냉철하면서도 정열적이고 침착한' 성격과 상통하는 것"이라면서 "이성에 대한 맹목적 추구와 구원을 간구하는 종교적 지성주의의 교리 등 마호메트교의 전통적 특징은 커피 향기와 사촌지간이었다"고 적고 있다.

영어 커피(coffee), 프랑스어 카페(café), 독일어 카페(Kaffee), 네덜란드어 코피(koffie), 이탈리아어 카페(caffe), 터키어 카베(kahveh) 등 세계 각국에서 커피를 지칭하는 명칭도 카와(qahwa 또는 khawah)라는 아랍어가 어원인 것으로 추정된다. 에티오피아어 카파(kaffa)가 커피의 어원이라는 설 역시 널리 알려져 있다. 카파가 에티오피아에 있는 지역의 이름일 뿐 아니라 에티오피아어로 '힘'을 의미하기 때문이다. 그러나 이슬람의 커피 문화가 베네치아 등 교역 파트너들을 통해 유럽으로 건너간 만큼 카와가 어원이라는 설이 더 설득력이 있다.

커피의 전파

이슬람 세계

커피의 원산지는 아프리카 북부 에티오피아가 확실시되지만, 오늘날 우리에게 익숙한 커피는 아라비아반도 예멘 지역의 아랍인들이 처음 마신 것으로 추정된다. 커피가 처음 아라비아에 등장한 시기는 알려지지 않고 있다. 그러나 1997년 아랍에미리트 항구도시 두바이 근처에서 고고학 연구팀이 12세기 것으로 추정되는 커피원두를 발굴함에 따라, 예멘으로 커피가 도입된 시기 역시 12세기로 보고 있다.

커피를 마시는 습관은 예멘에 있는 도시 아덴(Aden)의 시민들이 가장 먼저 개발했다. 애초 종교 지도자들은 커피를 종교적인 목적으로만 제한했다. 그들은 모스크에 예배를 드리러 오는 사람들에게 경건한 의식의 일부분으로 커피를 권했다. 한 번 맛본 사람은 누구나 커피를 좋아했고, 더 마시고 싶어 했다. 모스크를 자주 찾는 무슬림의 숫자가 급증했지만, 예배 보다는 커피에 관심 있는 자들이 훨씬 많았다. 의사들 또한 각종 질병의 치료제로 커피를 처방했다. 종교 지도자들은 커피의 음용을 제한하려 했지만, 이미 커피가 너무 광범위하게 확산된 상태였다.

커피는 아덴에서 주변 도시들로 급속도로 퍼져나갔다. 15세기 말경에는 커피가 신성한 도시 메카(Mecca)에까지 도달했다. 커피는 곧 메카의 모든 가정과 공공장소에서 흔하게 마시는 음료로 자리잡게 되었다. 우주에서 떨어진 신성한 돌 '카바'가 있는 메카는 수백 년 전이나 지금이나 이슬람교 최고의 성지(聖地)이자 이슬람 세계의 중심이다. 무슬림이라면 평생 메카로 성지순례를 다녀오는 것이 종교적 의무 중 하나이다 보니 많은 무슬림들이 메카를 찾는다. 메카의 문화적·사회적 습관들은 메카를 방문하고 고향으로 돌아가는 무슬림들을 통해 이슬람 전역에서 재빨리 유행하게 마련이다.

커피가 메카에서 인기를 얻었다는 것은 이슬람 전역을 석권할 날도 멀지 않았다는 의미였다. 커피는 마치 마른 헝겊에 떨어진 것처럼 이슬람의 주요 도시들로 빠르게 번져나가며 이슬람 세계를 검게 물들였다. 이슬람이라는 복음(福音)을 전파하려는 종교적 열망에 불탔던 이슬람 군대를 따라 커피는 북으로는 유럽 동남부, 서쪽으로는 북아프리카와 멀리 스페인 그리고 동쪽으로는 인도까지 점령했다.

어느새 커피는 중동 문화의 빠질 수 없는 일부분이 되었다. 많은 중동 지역에서 남편은 아내가 원하는 만큼 커피를 제공해야 한다는 조항이 양가 간 혼인서약에 포함되기도 했다. 남편이 자신의 의무를 성실히 이행하지 못할 경우 아내는 이혼을 요구할 수 있었다.

아라비아반도 아라비아 각 지역의 정권들은 커피를 환영했고 사람들에게 적극 권장했다. 당시 아랍인들은 카트(kat)라고 하는 흥분 성분을 함유한 덤불의 봉오리와 잎을 즐겨 씹었는데, 이것에 심각한 부작용이 있었던 것이다. 최초의 카베 카네(kaveh kane), 즉 커피 집은 15세기쯤 등장했다. 카베 카네는 사람들이 장기놀이를 하고, 대화를 즐기며, 노래와 음악과 춤이 있는 화려하고 유쾌한 장소였다. 이슬람 전역에서 카베 카네의 숫자는 급속도로 늘어났다. 카베 카네를 중심으로 사교와 사업이 이루어졌고, 커피 한 잔 값만 지불하면 누구든지 자유롭게 드나들 수 있었다.

사람들이 모여드는 곳은 정치의 장(場)이 되게 마련이다. 그리스 도시국가의 시장바닥 아고라가 그랬듯이 카베 카네는 정부에 대한 격렬한 불만과 비난이 터져 나오는 장소가 되었다. 정부는 카베 카네를 탄압했고, 그 중 일부에는 폐쇄조치를 내리기도 했다. 그러나 정부의 극심한 탄압에도 불구하고 카베 카네는 이곳저곳에서 모습을 드러냈다. 카페 카네에 대해 속수무책이었던 정부는 세금을 부과하는 정책을 실시한 후에야 겨우 카페 카네를 통제할 수 있었다.

커피를 좋아하는 사람이라면 모카(Mocha)라는 말을 한 번쯤은 들어봤을 것이다. 모카는 아라비아반도 남서쪽 해안을 끼고 들어선 항구도시를 가리킨다. 모카는 이슬람 성지 메카로 향하는 해상루트의 종착점이었고, 따라서 당시 아라비아에서 가장 번성한 항구였다. 아랍인들이 마시던 커피가 모카를 거쳐 이슬람 전역과 유럽 각국으로 흘러 들어가면서 모카는 커피의 대명사가 되었다. 17세기 초 이곳에 네덜란드의 무역기지가 건설되었으나, 19세기부터 북쪽의 호데이다와 남쪽의 아덴이 발전하면서 쇠퇴했다. 오늘날 모카는 예멘에서 생산하는 고급 커피원두와 이를 이용해 만든 커피를 일컫는 이름이다.

페르시아 오늘날 이란 지역을 가리키는 페르시아는 커피를 가장 먼저 마신 지역 중 하나이다. 15세기 중엽부터 이곳에서 커피를 마셨다는 기록이 남아 있다. 사파비 왕조(1501~1732년)가 이곳을 지배하고 있을 무렵, 페르시아의 주요 도시들에는 아주 일찍부터 넓고 화려한 커피하우스가 여럿 들어서 있었다. 커피하우스들은 커피를 빨리, 능률적으로, 정중하게 손님들에게 대접한다고 명성이 자자했다.

페르시아의 커피하우스에서는 아라비아와 달리 정치적 토론이나 이로 인한 유감스런 사건이 드물었다. 페르시아의 손님들은 보다 세속적인 쾌락을 추구했던 것으로 보인다. 페르시아의 커피하우스는 대화, 음악, 춤 그리고 '이러한 종류에 속하는' 그러나 보다 문란한 '다른 일들'이 넘쳐나는 것으로 유명했다. 정부는 "(커피하우스)에서 벌어지는 악명 높은 일들"을 자주 단속했다는 기록이 여러 문헌에 남아 있다.

커피하우스에서 종종 벌어지던 난잡한 일들은 한 샤(페르시아의 왕)의 왕비 덕분에 진정됐다는 이야기가 있다. 현명했던 왕비는 물라(mullah; 이슬람 교리학자)를 커피하우스에 매일 방문하도록 해 손님들과 시, 역사, 법에 대해 교양 있는 대화를 나누도록 했다. 물라는 정치적 토론에 빠지지 않도록 재치 있는 화술과 재미있는 이야기로 손님들의 대화를 유도했고, 물라가 있는 커피하우스에는 손님들이 몰려들었다. 이를 본 다른 커피하우스들 또한 경쟁적으로 이야기꾼을 고용했다. 이야기꾼들은 커피하우스 중앙에 마련된 높은 의자에 앉아 타고난 입담과 연극적 제스처를 동원해 손님들의 넋을 빼놓았다고 한다.

터키 터키에 커피가 도입된 시기는 시리아 등 이웃국가들보다 상당히 늦은 16세기 중반이었다. 그러나 터키인들이 세운 오스만 제국이 아랍권을 통치하면서 터키는 커피의 검은 '마술'에 급속도로 빠져들었다. 커피는 모든 활동에 앞서 치러지는 의식으로 자리잡았다. 가정으로 초대된 손님은 집에 들어서자마자 주인에게 커피를 대접받았다. 카펫 가게 주인은 홍정에 앞서서, 이발사는 머리를 자르기 전에 손님과 커피를 나눴다.

아랍인 작가가 남긴 기록에 따르면 오스만 제국의 수도 콘스탄티노플(현재의 이스탄불)에 들어선 최초의 카베 카네는 1554년 시리아에서 온 두 형제가 문을 연 '차이하나'이다. 호기심에 불타는 학자들이 한둘씩 찾기 시작해 장기를 두려는 손님들이 서넛 늘더니, 형제가 고용한 음유시인과 춤꾼 및 가수들을 보려는 손님들이 떼 지어 몰려들었다. 커피하우스는 속속 늘어났다. 사람들은 화려한 인테리어, 편안한 분위기 그리고 무엇보다 커피 자체의 매력에 푹 빠졌다. 17세기 터키를 방문한 한 영국인 의사는 "투르크인들은 몸이 아프면 단식하면서 커피만을 마신다. 그래도 병이 낫지 않으면 유언장을 작성하고는 다른 치료법을 찾으려 하지 않는다"고 적기도 했다.

콘스탄티노플의 카베 카네는 호사스럽기로 유명했다. 벽은 각종 보석과 금붙이와 알록달록한 타일 장식들로 그득했다. 지면보다 조금 높은 바닥에는 각종 식물문양이 복잡하게 짜인 고급 카펫이 깔렸고, 커피를 담는 잔으로는 당시 최고의 사치품이던 중국산 자기(瓷器)가 사용되었다. 납작한 접시나 작은 사발의 형태였다. 손잡이가 달린 커피 잔은 한참 후에야 등장한다. 손님들은 카펫에 놓인 푹신한 쿠션에 비스듬히 기대앉아 커피가 담긴 잔을 엄지와 검지 두 개의 손가락만으로 받쳐 들고는 우아하게 홀짝거렸다.

17세기 콘스탄티노플을 방문했던 한 영국 여행자가 "수백

명이 커피를 홀짝거리는 소리가 시끄러울 정도"였다고 투덜댔을 만큼, 커피하우스는 언제나 손님들로 바글거렸다. 다양한 계층의 사람들이 함께 있을 수 있었는지, 아니면 계급별로 다른 카베 카네를 이용했는지에 대해서는 여전히 의견이 분분하다. 그러나 카베 카네는 사람과 사람이 만나 교류하는 장소였던 것만은 분명하다. 졸업을 코앞에 둔 학생들은 정부 고위 관료들과 만나 직장을 구하기 위해 커피하우스를 찾았고, 상인들은 이곳에서 거래를 흥정했다.

가정에서도 엄청나게 커피를 마셔댔다. 하루에 최소 2번은 커피를 마셨고, 20회 이상 커피를 끓이는 집도 드물지 않았다. 이는 터키인뿐 아니라 오스만 제국에서 백성으로 평등한 대우를 받았던 유대인, 그리스인, 아르메니아인 가정에서도 마찬가지였다. 한 프랑스 여행자는 "콘스탄티노플의 가정에서는 파리에서 와인을 구입하는 데 들이는 만큼의 돈을 커피 구입에 쓰는 듯하다"고 적기도 했다. 한국에서 집집마다 고유한 장맛과 김치를 자랑하듯(아니 자랑했듯) 집집마다 서로 다른 커피 끓이는 비법이 있었다. 자신의 집을 방문한 손님에게는 반드시 커피를 제공했다. 손님이 커피를 거절하는 경우만큼 심한 결례가 없었고, 주인은 말할 수 없는 모멸감을 느꼈다.

콘스탄티노플에서 웬만큼 산다고 하는 가정에는 '카베기(kahveghi)'라고 하는 커피 끓이는 일만을 전담하는 하인이 한 명씩은 있었다. 부유한 집에서는 '이초글란(itchoglan)'이라고 해서 카베기가 끓인 커피를 손님에게 올리는 하인까지 따로 두기도 했다. 이들은 손님의 입술이 닿는 잔의 구연부(口緣部)에 손을 대지 않으면서 한 방울도 바닥에 흘리지 않았으며, 그러면서도 전혀 손을 대지 않는 신묘한 솜씨를 지녔다고 한다.

유럽과 북미대륙

유럽에 커피가 처음 소개된 것은 1600년쯤으로, 당시 이슬람권과의 무역을 주도한 베네치아 상인들에 의해서였다. 동양에서 레몬, 오렌지 등 감귤류가 수입된 직후이기도 했다. 거리의 상인들은 레모네이드, 오렌지에이드와 함께 커피를 팔았다. 이때까지만 해도 커피는 약(藥)으로 인식되었다. 상인들은 커피를 동양의 묘약처럼 선전했다. 우연의 일치였을까. 커피가 유럽에 소개된 시기는 또 다른 기호음료인 차(茶)가 소개된 시기와도 거의 같다. 차는 1610년 유럽에서 처음으로 판매되었다. 커피는 이슬람권에서와 마찬가지로 빠른 속도로 팬을 늘려갔다.

이탈리아 1600년대 말경 베네치아에서는 이미 여러 커피하우스들이 성업 중이었다. 1720년 베네치아에서 가장 번화한 산 마르코 광장에 문을 연 '카페 플로리안(Florian)'은 현존하는 가장 오래된 카페이자 '세계에서 가장 아름다운 카페'로 손꼽힌다. 라틴어로 '꽃다운'이라는 의미의 상호처럼 플로리안은 다른 카페와 구별되는 아름다운 실내로 인해 문을 열 때부터

화제를 뿌리며 손님들로 붐벼댔다.

플로리안은 바이런, 괴테, 루소, 가리발디, 쇼팽, 나폴레옹 등의 명사들이 즐겨 찾을 만큼 유명했고, 이들 명사들이 만들어낸 일화들로 더욱 유명해졌다. 바람둥이의 대명사 카사노바도 플로리안을 즐겨 찾았다. 카사노바가 플로리안의 단골이었던 까닭은 여성의 출입을 허용한 최초의 카페였던 이곳에서 '작업'을 걸기 위해서였다고 호사가들은 수군덕대기도 했다.

베네치아가 커피 문화의 꽃망울을 터뜨릴 무렵 이탈리아 북동부 파도바에서는 '카페 페드로치(Pedrocchi)'가 문을 열었는데, 플로리안과 마찬가지로 아름다운 실내 장식으로 이름 높았다. 로마에서는 그리스인이 운영하는 카페라는 뜻의 상호를 가진 '카페 그레코(Greco)'가 문을 열었다. 카페 그레코에는 멘델스존, 로세티, 리스트, 토스카니니 등 세계적인 음악가들이 자주 드나들었다. 이탈리아의 다른 주요 도시들에도 18세기에서 19세기에 걸쳐 많은 카페가 들어섰다. 19세기가 끝날 무렵 커피는 이제 이탈리아인들의 삶에서 빼놓을 수 없는 일부분이 되었다.

프랑스 와인의 나라 프랑스에서 처음 커피를 수입한 해는 1644년으로 기록되어 있다. 베네치아만큼이나 이슬람권과 무역량이 많았고 왕래가 잦았던 항구도시 마르세유를 통해서였다. 따라서 초기 커피의 소비는 당연히 마르세유 부근으로 집중되었다.

1669년에 이르러서야 수도 파리에 커피가 소개되었다. 오스트리아 제국이라는 공통된 적을 사이에 두고 있던 오스만 제국과 프랑스는 외교 및 문화적으로 친밀한 관계를 맺고 있었다. 오스만 제국의 술탄(황제)이 파리에 대사로 파견한 술레이만 아가(Suleiman Aga)는 그곳에서 거대한 저택을 임대해 으리으리하게 꾸며 놓았다. 이 이슬람 이교도의 저택에 대한 소문은 파리 사교계에 쫙 퍼졌다. 파리의 귀족들은 술레이만의 초대를 학수고대했다. 술레이만이 소개한 여러 이국적 물건 중에서도 커피는 단연 인기였다. 많은 귀족 여성들이 커피를 마셔보기 위해 술레이만의 저택으로 몰려들었다. 영국 역사가 아이삭 디스렐리는 술레이만의 커피 파티를 이렇게 묘사했다.

"훌륭한 의상을 갖춰 입은 대사의 흑인 노예들은 금으로 가장자리를 수놓은 비단 받침을 깐 금은 쟁반 위에 계란껍질처럼 얇은 자기 잔을 놓고, 여기에 뜨겁고 진하고 향기로운 최고급 모카커피를 담아 무릎을 꿇고서 올렸다. 호기심으로 자극된 귀부인들은 이 새롭고 뜨거운 음료 위로 립스틱으로 칠하고 분으로 두드린 얼굴을 기울이다가 찡그리고는 부채질을 해댔다."
찡그린 얼굴을 펴주기 위해 귀부인들에게는 특별히 설탕이 제공되었다. 커피라는 신기한 음료에 대해 알고 싶어 했던 부인들은 자신들도 모르는 사이에 프랑스의 군 편성, 고위관직 인사 등의 고급 정보를 술레이만에게 알려줬다. 술레이만은 루이 14세의 궁정을 훤히 파악해 이를 술탄에게 보고했다.

프랑스의 1호 카페는 1672년에 생겨났으나 커피보다는 술이 더 많이 팔렸다. 진정한 의미의 카페는 1686년에 문을 연 '카페 프로코프(café Procope)'라고 할 수 있다. 이탈리아에서 이주한 야심 찬 웨이터 프란치스코 프로코피오 데이 콜텔리(Francisco Procopio dei Coltelli)가 그 주인이었다. 프로코프는 '프로코피오'를 프랑스식으로 개명한 것이다. 이 카페는 세련된 분위기로 당시 그렇고 그런 술집의 대안을 찾던 엘리트들을 끌어들였다. 프로코프는 곧 저명 시인, 극작가, 배우, 음악가들이 출입하는 지식인들의 살롱으로 자리를 굳힐 수 있었다. 디드로, 볼테르가 엄청나게 커피를 마셔댔고, 청년 장교 시절의 나폴레옹도 단골이었다. 야콥은 그의 저서 『커피의 역사』에서 "카페 프로코프는 18세기 파리 카페의 원형이었다"고 지적했다. 거울, 촛대, 대리석 상판으로 된 테이블 등 유럽의 카페를 인상 짓는 특징들이 이곳에서 완성돼 프랑스는 물론 유럽 전역으로 퍼졌다.

프로코프의 성공에 고무된 파리의 사업가들이 카페를 열기 시작했다. 이중 하나였던 '카페 되 마고(café Deux Magots)'는 베를렌, 랭보 등 문인들의 단골집으로 유명하다. '카페 드 플로르(Flore)'는 특히 예술가와 지식인 단골이 많았다. 우리말로 번역하면 '평화다방'쯤으로 번역돼 다소 촌스럽게 들리는 '카페 드 라 페(Café de la Paix)'의 과시적 인테리어가 왕족과 귀족들로부터 큰 사랑을 받기도 했다. 콘스탄티노플의 카베 카네와 마찬가지로 파리의 카페들은 서로 치열하게 경쟁했다. 시 낭독과 연극, 노래, 춤 등 각종 공연이 유흥으로 제공되었고, 나

중에는 음식을 내놓기도 했다.

프랑스에서 커피는 기득권을 지키려는 와인의 공세를 견뎌 내야 했다. 커피의 확산으로 위협을 느낀 와인 생산자들은 '커피는 프랑스의 적'이라고 외치며 동포들의 애국심을 자극했고, 일부 의사들도 와인 진영에 동참했다. 이들은 커피가 염소와 기타 동물들에게나 적합한 열매로, 피를 태우고 비장(脾臟)을 해치며 발기부전과 마비 및 손 떨림을 유발한다고 주장했다. 물론 의사들의 주장은 사실이 아닌 것으로 밝혀졌고, 와인 생산자들의 애국적 호소는 별 효과가 없었다.

미식으로 유명한 나라답게 프랑스는 커피를 음식의 영역으로 끌어들였다. 프랑스인들은 식사의 맨 마지막 순서로 커피를 마시는 습관을 정착시켰다. 이전까지 커피는 약 혹은 음료로서만 다뤄졌던 것이다. 이때 커피는 우유 없이 진하게 마신다. 소화를 돕기 위해 코냑(cognac)과 같은 브랜디(포도로 만든 증류주)를 섞기도 하는데, 그럴 경우 향이 더욱 풍부해진다. 아침식사로는 커피에 따뜻한 우유를 듬뿍 넣은 카페오레(café au lait)를 대접에 담아 두 손으로 들고 마시는데, 고소한 크루아상(croissant)을 곁들인다. 딱딱한 바게트(baguette)를 카페오레에 적셔 부드럽게 해서 먹기도 한다.

오스트리아 오스트리아에서 커피는 사회생활의 중심이라고 할 수 있다. 오스트리아의 수도 "빈만큼 카페라는 제도가 사회생활에 깊숙이 파고든 도시는 세계 어디에서도 찾아볼 수 없다."(알랭 스텔라, 『커피』) 시민들의 공적인 업무는 시청에서 이루어지지만, 어쩌면 공적인 업무보다 더 중요한 일들이 커피를 판매하는 카페하우스를 중심으로 돌아간다. "빈 시민들 사이에서는 카페하우스가 너무나 익숙한 장소이기 때문에 외국인들의 눈에는 마치 블록마다 그 안에 사는 모든 가족들이 이용할 수 있는 공용의 다실(茶室)을 가지고 있는 것처럼 보였다."(하인리히 에두아르트 야콥, 『커피의 역사』)

커피가 오스트리아에 처음 소개된 것은 17세기 중반이었다. 당시 중부유럽의 여러 나라를 통치하는 제국이었던 오스트리아는 동쪽 옆구리에서 자신의 영토를 야금야금 파먹어 들어오던 오스만 제국의 공격에 오랫동안 시달리고 있었다. 그렇다고 두 제국의 관계가 항상 나쁜 것만은 아니었다. 오스만의 술탄(황제) 메흐메드 4세는 1655년에 대사 카라 메흐메드를 빈에 파견했고, 오스트리아의 고관대작들은 술탄의 대사로부터 커피를 대접받았다. 이것이 기록으로 남겨진 오스트리아 최초의 커피 시음이었다.

오스트리아에서 커피가 본격적으로 대중화된 계기는 전쟁 때문이었다. 1683년 오스만의 대군은 빈을 포위했고, 식량이 줄어드는 만큼 시민들의 사기도 떨어져갔다. 빈 시민들에게 희망을 준 것은 바로 폴란드인 게오르그 프란츠 콜시츠키(Kolschitzky)였다. 오랫동안 터키인들의 통역사로 활동하면서 오스만에서 살았던 그는 빈 시민들을 돕기 위해 모여든 기독교 연합군 간의 연락책을 맡았다. 콜시츠키는 이 어려운 임무를 위해 터키인

복장을 한 채 전선을 넘나들다가 기독교 군인들의 총에 맞아 목숨을 잃을 뻔하기도 했다. 결국 기독교 연합군은 오스만군을 대파할 수 있었다.

허둥지둥 도망간 오스만군의 막사에는 25,000채의 텐트, 20만 두의 소와 낙타 그리고 노새, 10만 마리의 양, 15만 포대의 곡식 등 많은 군수품이 남겨져 있었다. 검고 잘 말린 알갱이 500포대도 발견되었다. 그 알갱이는 터키인들의 필수품인 커피원두였지만, 연합군 측에는 이 사실을 아는 사람이 없었다. 낙타 사료라는 주장도, 낙타 똥이라는 주장도 있었다. 시민들은 이슬람 이교도들이 남기고 간 이 꺼림칙한 물건을 강에 쏟아버리려고 했다. 그러자 콜시츠키는 시민들을 막고 "이 물건을 나에게 달라"고 요구했다. 오랫동안 터키인들과 거래해 온 콜시츠키는 커피원두를 어떻게 쓰는지 알고 있었다. 시민들은 기꺼이 커피원두를 콜시츠키에게 주었다. 사실 자신들에게 별 쓸모도 없는 물건을 빈 수성(守成)의 일등공신인 그에게 넘겨주는 것쯤은 문제도 아니었다. 시민들은 커피와 함께 시내 중심가에 집도 한 채 내주고 무슨 일이건 하도록 허락했다.

콜시츠키는 이곳에서 커피를 만들었다. 이곳이 바로 빈 최초의 카페하우스였다. 그러나 커피원두를 곱게 갈아 물에 넣고 끓인 터키식 커피는 빈 시민들이 마시기에는 너무 쓰고 진했다. 1685년 아르마니아계 이민자 요한 디오바토(Diobato)가 필터를 이용해 커피가루로부터 커피를 분리해냈고, 여기에 우유와 꿀을 더해 새롭고 부드러운 스타일의 커피를 개발했다.

(야콥은 콜시츠키의 개발품이라고 주장한다.) 누가 개발했건 이 새로운 커피는 빈 시민들의 입맛에 꼭 맞았고, 커피는 빠르게 대중화되었다.

초기의 카페하우스는 귀족 남성들의 전유물이었다. 카페하우스는 신문을 읽거나 카드놀이, 당구, 체스를 즐기는 공간이자 사교클럽의 역할을 했다. 그러나 커피가 점차 대중화되면서 일반 시민들도 카페하우스를 자주 찾게 되었고, 19세기에는 여성들에게도 출입이 허용되었다.

20세기 초반 빈의 카페하우스는 주머니 사정이 넉넉지 못한 보헤미안, 예술가, 지식인들의 휴식처였다. 지식인 알프레드 폴가(Polgar)는 빈에 번성한 카페하우스를 가리켜 "혼자 있고 싶어 하는 사람들이 있는 곳, 그러나 그러기 위해서 옆자리에 벗들이 있어야 하는 곳"이라고 정의하기도 했다. 커피 한 잔을 시켜 놓으면 하루 종일 앉아 있어도 아무도 눈치 주지 않았고, 이는 지금도 마찬가지다. 빈의 카페하우스에 가면 반짝이는 작은 은쟁반에 커피와 함께 유리잔에 물이 담겨 나오는데, 이러한 습관은 커피를 거푸 주문할 형편이 못 되는 고객들이 편안한 마음으로 느긋하게 앉아 있을 수 있도록 배려한 데서 나왔다는 설명도 있다.

카페하우스에는 당시 모더니즘을 주도하던 문화계 인사들이 모여들었다. 카페하우스는 지적 토론과 교류의 중심이 되었다. 고풍스런 외관과 화려한 금박 아치 천장으로 유명한 '카페 센트럴(Central)'에서 젊은 트로츠키는 러시아 혁명을 꿈꿨다. 오스트리아 제국 황제의 집무실에 인접한 '카페 그린스타이들(Griensteidl)'에서는 소설가 헤르만 바, 아터 슈니츨러, 후고 폰 호프만스탈 등이 커피 한 잔을 앞에 놓고 하루 종일 죽치고 있는 모습을 볼 수 있었다. 많은 사람들로부터 사랑받는 「키스」를 그린 구스타프 클림트, 퇴폐적이라는 이유로 히틀러의 나치정권에 의해 작품이 모두 불태워질 뻔한 에곤 실레와 오스카 코코슈카 등의 20세기 미술계 거장들은 '카페 뮤제움(Museum)'의 단골이었다. 카페 뮤제움에는 오토 바그너, 아돌프 로스 등 근대 건축가들도 자주 드나들었다.

빈 시민들은 모두 커피 애호가이자 전문가라고 자부한다. 각각 선호하는 커피와 카페하우스가 따로 있다. 우유와 커피를 반반씩 섞은 멜랑주(melange), 우유를 조금 넣은 브라우너(brauner), 우유거품을 얹은 카푸치너(kapuziner), 오렌지 브랜디를 첨가한 마리아 테레지아(Maria Theresia), 럼주를 넣고 휘핑크림을 얹은 피아커(fiaker), 아무것도 더하지 않은 모카(moka) 등 빈 전통 커피는 공인받은 것만도 무려 30가지가 넘는다.

빈 시민들은 전통적으로 하루 세 번, 즉 오전 8시에서 9시 사이와 오후 3시 그리고 오후 9시에서 10시 사이에 자신의 단골 카페하우스를 찾았다. 빈 시민들은 아침에 카페에 비치된 수십 종류의 신문과 잡지를 읽으면서 느긋하게 하루를 시작했다. 편지를 쓰거나 비즈니스를 처리하거나 친구들과 대화를 나누기도 했다. 카페하우스 웨이터들은 단골의 이름과 직업은 물론 그들이 평소 마시는 커피를 기억하고 있다가 척척 내놓는다. 뜨내기나 외국 관광객이 "커피를 달라"고 하면 웨이터들은 약간 오만하게 한쪽 눈썹을 치켜뜨면서 "어떤 커피?"라고 되묻는다. 예전보다는 무척 바빠진 오늘날의 오스트리아인들도 오후 3시의 커피타임만은 반드시 지킨다. 커피에는 진한 초콜릿 맛이 일품인 케이크 '자허토르테(Sachertorte)' 혹은 새콤달콤한 '애플슈트루들(사과파이)'이 흔히 곁들여진다.

네덜란드 커피에 맛을 들인 유럽인들은 커피나무나 싹을 틔울 수 있는 커피원두를 손에 넣기 위해 혈안이 되었다. 반면 아랍인들은 커피를 독점하기 위해 모든 커피원두를 볶아서 수출하도록 규정했다. 볶은 커피로는 싹을 틔울 수 없어 커피 재배가 불가능했기 때문이다.

아랍인들이 그토록 삼엄하게 지키던 커피묘목을 빼내는 데 처음으로 성공한 유럽인은 바로 네덜란드인이었다. 커피를 대량 수입해 가던 유럽의 해운회사 중 모카항에 처음 정박한 회사는 영국 동인도회사였다. 그러나 모카 당국의 신임을 얻은 회사는 1602년에 설립된 네덜란드 동인도회사였다. 네덜란드 상인 피터 반 데어 브뢰케는 1616년 커피묘목 몇 그루를 몰래 암스테르담으로 빼냈고, 이를 식물원에 이식했다. 네덜란드는 커피를 재배하겠다는 야심으로 커피묘목을 자국의 식민지였던 인도 말라바르와 자바(Java) 섬의 중심도시 바타비아(Batavia)에 심었다. 자바는 현재의 인도네시아이며, 바타비아는 인도네시아의 수도 자카르타의 옛 이름이다.

네덜란드의 아시아 식민지, 특히 자바는 몇 년이 채 지나지 않아 주요 커피 생산지가 되었고, 네덜란드는 이 커피를 유럽에 판매하여 막대한 수익을 올렸다. 인도네시아는 오늘날까지도 주요 커피 생산국 가운데 하나이다. 커피의 생산과 무역을 주도했던 네덜란드인들은 16세기 초부터 가정에서 커피를 마시기 시작했다. 상류층과 중산층은 물론 이들의 집에서 일하던 하층민들도 커피를 마셨다. 1660년대 중반 바다보다 낮은 이 나라의 주요 도시마다 커피 집이 문을 열었다.

독일 독일 문헌에 처음 커피가 등장한 해는 1675년이다. 이 해에 한 독일인 의사가 브란덴부르크 궁정에 커피를 소개했다고 전하고 있다. 비슷한 시기 브레멘, 하노버, 함부르크에도 커피가 소개되었다. 그러나 당시 커피는 귀족들의 전유물이었다. 18세기 초에 이르러서야 중산층과 하층민들 또한 커피를 마시기 시작했고, 그 후로도 한참이 지나서야 집에서도 마실 수 있게 되었다.

독일에서 커피는 프랑스 와인 생산업자들과는 비교도 할 수 없는 강력한 적수를 만나게 된다. 그 적수는 다름 아닌 '프리드리히 대왕'이라고 불리며 존경받던 프로이센의 국왕 프리드리히 2세였다. 프리드리히 대왕은 오전에 최소 7잔, 오후에는 한 주전자씩 마실 만큼 커피를 좋아했다. 그는 물 대신 샴페인에 끓인 커피에 겨자를 곁들이는 독특한 스타일을 선호하기도 했다. 이처럼 커피를 사랑했음에도 불구하고 그는 1777

년 게르만족의 상징인 맥주를 보호하고 커피 수입으로 국익이 해외로 유출되는 것을 막고자 '커피 금지령'을 선포한 것이다.

칙령에는 다음과 같은 내용이 들어 있다. "점점 더 많은 나의 백성들이 커피를 마신다는 것은 실로 거북한 일이다.……짐의 백성들은 맥주를 마셔야 한다.……맥주로 영양을 섭취한 군인들에 의해 많은 전투를 벌였고 여기서 승리했다. 짐은 커피를 마시는 군인이 난관을 이겨내거나 적을 무찌를 수 있다고 믿지 않는다." 그러나 프리드리히의 커피 금지령은 암시장 상인들의 주머니를 두둑하게 불리는 결과만을 가져왔다. 결국 프로이센 정부는 19세기 초 커피 금지령을 철회했다.

독일은 오늘날 세계에서 가장 많은 커피를 소비하는 국가 중 하나다. 오늘날 독일의 카페는 케이크와 커피 외에 다른 따뜻한 음료를 함께 판매하는 '콘디토라인(konditorein)'으로, 남성들만이 출입하던 카페하우스와 여성들만의 카페크란첸은 사라진 지 오래다.

북미대륙 북미대륙에서 커피를 처음 마셨다는 기록은 1668년이며, 뉴욕, 필라델피아, 보스턴 등 주요 도시에도 커피 가게가 들어섰다. 미국에서 차의 몰락을 가져온 배후에 라이벌 음료 커피가 있었다면 역사의 아이러니일까.

1773년 영국은 미국 식민지 상인들의 차 밀무역을 금지시키는 한편, 영국 동인도회사에 차 독점권을 부여하는 관세법을 통과시켰다. 식민지 자치에 지나친 간섭이라고 격분한 보스턴의 반(反)영국 급진파들은 1773년 인디언으로 분장하여 보스턴 항구에 정박 중이던 동인도회사의 선박 2척을 습격, 342개의 차 상자를 부수고 들어 있던 차를 바다에 던졌다. 이것이 바로 보스턴 차 사건이다.

보스턴 차 사건은 1775년 영국과 미국 식민지 거주자들 간에 발생한 무력충돌의 도화선이 되었고, 미국 독립혁명의 직접적 발단이 되었다. 보스턴 차 사건은 미국의 독립뿐만 아니라 북미대륙에서 차 마시는 습관이 크게 줄어드는 결과를 가져왔는데, 보스턴 차 사건이 모의된 곳이 바로 보스턴에 있었던 '그린 드래건(Green Dragon)'이라는 커피하우스였다. 독립전쟁 이후 미국에서 차는 영국 식민지배의 상징이 되었고, 자연 인기가 떨어졌다. 반면 커피는 독립의 상징으로 미국인으로부터 호응을 얻으며 빠르게 세를 확장해 갔다. 20세기 초 1인당 11파운드였던 미국의 커피 소비량은 1946년 20파운드로 정점에 도달한 이후 조금씩 줄어들고 있다. 그러나 미국은 여전히 세계 최대의 커피 시장이다.

오늘날 미국의 커피 문화는 '스타벅스(Starbucks)'로 대표된다. 1970년대 시애틀에서 에스프레소, 카페라테 등 이탈리아식 커피 문화가 편리성을 추구하는 미국 정신과 만나 '뛰면서 즐기는' 테이크아웃 커피점으로 발전한 것이다. 종이컵에 이탈리아식 카페라테를 담아주는 스타벅스와 같은 테이크아웃 커피점은 1990년대 초반 미국을 돌풍처럼 휩쓸었고, 이 돌풍은 아시아는 물론 유럽으로까지 세력을 확장하고 있다.

테이크아웃 커피점은 보다 맛있는 커피를 보다 많은 사람들이 즐길 수 있도록 기여했다는 점에서 긍정적 평가를 받는다. 그러나 이탈리아와 프랑스 등 오래전부터 나름의 커피 문화를 발전시켜 온 국가들과 인도, 영국 등 차 문화가 발달한 국가들은 테이크아웃 커피점이 또 다른 미국식 세계화의 첨병이라며 경계를 늦추지 않고 있다.

영국 영국에서 식민지였던 미국을 잃은 시기에 커피의 인기도 수그러들었다는 점이 흥미롭다. 17세기 말까지만 해도 영국은 유럽에서 커피를 가장 많이 소비하는 국가 중 하나였다. 1650년 옥스퍼드에 최초의 커피하우스가 문을 열었고, 2년 후 런던에도 커피하우스가 생겼다. 이후 수백 개의 커피하우스는 문인, 정치인, 학자들뿐 아니라 커피 값 1페니만 내면 누구든 커피를 마시며 지적 대화와 토론에 참여할 수 있다고 해서 '페니 대학(Penny University)'이라 불리며 사랑받았다.

그러나 커피에 대한 영국인의 애정은 1730년대 이후 급속도로 식어버렸다. 1페니만 있으면 누구나 커피하우스에 들어갈 수 있다는 점이 점잖은 영국 신사들을 언짢게 했다는 말도 있다. 그러나 이보다는 영국이 프랑스, 네덜란드와는 달리 커피를 생산할 수 있는 식민지가 없었고, 자연스럽게 중국의 차로 눈을 돌리면서 커피를 마시지 않게 되었다는 설명이 보다 합리적이다. 이후 영국은 차의 나라로 알려지게 되었다.

영국에서 완전히 사라진 듯했던 커피는 1951년 제2차세계대전이 끝남과 동시에 되살아났다. 이탈리아식 에스프레소를 판매하는 모카 바(Moka Bar), 액트 원 신 원(Act One Scene One), 더 투 아이스(The Two I's) 등 트렌디한 커피 바(coffee bar)가 런던 곳곳에 들어서게 된 것이다. 1960년대 커피 바는 전국적으로 2,000여 개로 늘어났고, 이중 200개 이상이 첨단 문화의 중심 런던 웨스트엔드에 자리잡고 있었다. 잠시 침체기를 맞았던 커피 바는 1990년대 들어 다시 활기를 되찾았다. 인터넷의 보급은 인터넷과 커피를 함께 즐기는 사이버카페의 증가로 이어졌다. 희귀한 고급 커피원두를 이용해 커피를 만드는 스페셜티 커피숍(specialty coffee shop)도 늘어났다. 미국 문화의 넘치는 힘을 견디기 어려웠던지 스타벅스 등 미국식 테이크아웃 커피점의 숫자도 급속도로 확장 중에 있다.

중남미대륙

커피는 오늘날 중남미 국가들의 주요 수입원이다. 커피가 아메리카 대륙에서 재배되기 시작한 것은 1720년으로 한 프랑스 장교의 헌신적인 노력이 아니었다면 불가능했을지도 모른다. 그의 이름은 가브리엘 드 클리외(De Clieu)로 서인도제도에 있는 프랑스 식민지 마르티니크 섬에서 해군 장교로 복무 중이었다. 파리에서 가진 달콤한 휴가를 마치고 마르티니크로 복귀하기 전 그는 커피묘목 2그루를 어렵게 얻을 수 있었다. 드 클리외는 커피묘목을 유리 케이스에 넣어 마르티니크 행

범선에 승선했다.

드 클리외와 커피묘목의 바다여행은 고난의 연속이었다. 튀니지인 해적들에 의해 배가 약탈당할 뻔하기도 했고, 엄청난 폭풍우를 만나 배가 전복되는 일촉즉발의 상황에 처하기도 했다. "사람 살기도 힘든데 무슨 커피냐"며 커피묘목을 바다에 던지려는 선원과 치고받는 싸움도 있었다. 거짓말처럼 바다가 잠잠해지면서 배가 꼼짝하지 못하게 되자 이번에는 물이 귀해졌다. 마실 물조차 모자라 1인당 일정량이 나오는 배급제로 바뀌었다. 드 클리외는 커피묘목을 살려야 한다는 일념으로 자신이 마셔야 할 물까지 묘목에게 주었다. 그의 노력은 헛되지 않았고, 커피묘목은 1720년 무사히 마르티니크에 도착할 수 있었다.

드 클리외의 커피묘목은 마르티니크의 자연에 훌륭하게 적응했다. 1726년 첫 마르티니크산(産) 커피가 생산되었고, 1730년에는 수출이 시작되었다. 7년 후 커피의 수확량은 7,000톤으로 늘어났다. 커피묘목은 다시 멕시코 과달루페 섬, 산토도밍고, 도미니카 등 서인도제도의 여러 섬들로 퍼져 나갔다. 중남미대륙 본토에서 커피 재배를 시작한 것은 네덜란드였다. 네덜란드는 식민지였던 수리남에 1718년 커피묘목을 심었고, 프랑스령 기아나에서도 얼마 지나지 않아 커피 재배가 시작되었다.

브라질 세계 1위 커피 생산국인 브라질. 그러나 브라질은

1700년대 초반만 해도 프랑스와 네덜란드가 기아나와 마르티니크에서 재배한 커피를 수출해 짭짤한 수익을 올리는 모습을 지켜볼 수밖에 없었다. 브라질은 커피묘목이나 싹을 틔울 커피원두를 구할 수 없었기 때문이다. 네덜란드와 프랑스는 아랍인들이 그랬듯 커피원두와 묘목이 유출되지 못하도록 엄격하게 감시했다. 1727년 브라질은 드디어 좋은 기회를 얻게 되었다. 네덜란드령 기아나와 프랑스령 기아나가 국경 분쟁의 중재자로 브라질을 초청한 것이었다. 브라질은 중재를 맡는 동시에 커피를 획득하기 위해 노력을 쏟았고, 결국 성공했다.

브라질이 어떻게 커피를 손에 넣게 되었는지를 설명하는 이야기는 여러 '버전'이 있지만, 로맨스와 섹스가 얽힌 버전이 역시 가장 흥미롭다. 이야기의 주인공은 브라질의 육군 대위로 기니아 국경 분쟁의 중재자였던 프란시스코 데 말로 팔레타이다. 그는 영화 「007」의 주인공 제임스 본드에 버금가는 팔방미인이었던 모양이다. 소문난 미남이었던 팔레타는 '얼굴값 한다'는 말에 걸맞는 소문난 바람둥이기도 했다. 팔레타는 기니아 총독뿐만 아니라 총독 부인의 호감을 사는 데도 성공했다. 팔레타와 총독 부인은 짧지만 짜릿한 사랑을 즐겼다고 전해진다.

팔레타의 능력 덕분인지 국경 분쟁은 원만하게 해결되었다. 팔레타가 브라질로 돌아가야 할 때가 온 것이다. 총독의 아내는 떠나는 팔레타에게 꽃다발을 건넸다. 팔레타가 여러 가지로 '애썼다'며 감사하는 의미였다. 꽃다발에는 커피나무 가지가 잘 보이지 않게 섞여 있었다. 팔레타는 자신의 외교적 수완 혹은 사랑의 노고로 얻은 커피나무 가지를 브라질의 파라(Para) 지역에 심었다. 커피는 새로운 환경에 잘 적응했고, 1765년에는 첫 브라질산 커피가 포르투갈 리스본으로 수출되었다.

브라질에는 '파젠다(fazenda)'라고 하는 거대한 커피농원이 들어섰다. '파젠데이로스(농장주)'는 값싼 노동력으로 생산한 값비싼 커피를 통해 거대한 부를 축적했다. 파젠데이로스들이 살던 사치스러운 저택은 카사 그란데(casa grande)라고 불렸다. 대리석으로 마감된 벽과 고급 목재가 깔린 카사 그란데는 동물우리와 다를 바 없는 노예들의 거처와 대비됐다. 농원을 개간하고 유지하는 일은 엄청난 노동력을 필요로 했고, 노동력은 아프리카에서 들여온 노예들로 충족되었다. 파젠데이로스는 노예들을 마음대로 부리기 위해 가혹한 처벌을 가했다. 채찍질은 예사였고, 손목과 발목에 쇠고랑을 채우기도 했다. 노예들은 죽을 때까지 일해야 했다. 1888년 브라질에서 노예제도가 폐지되었다. 그러나 노예에서 농장 인부로 명칭이 바뀌었을 뿐 생활수준은 더 나아지지 않았다. 커피 농민들의 어려운 생활은 지금도 계속되고 있으며, 이는 브라질만의 사정은 아니다.

한국과 커피

한국에 커피가 처음 들어온 시기는 언제일까? 정확한 연도는 며느리도 모른다. 1830년대에 많이 들어왔던 프랑스 신부들이 마셨을 것이라고 추측하기도 하지만, 기록된 바는 없다. 커피의 전래 시기는 19세기 후반, 특히 임오군란(1882년) 이후의 1890년 사이로 보는 것이 가장 설득력 있다.

구한말 청나라를 통해 서양문물이 들어오면서 외국인들의 왕래가 늘어났고, 특히 임오군란 이후 미국, 영국 등 서양의 외교사절이 들어오면서 커피의 음다풍속(飮茶風俗)이 보급되기 시작했다. 서양 외교관들은 조선 왕실과 귀족들의 마음을 사로잡기 위해 커피를 진상했다. 커피의 향과 카페인은 왕족들과 대신들을 매혹시켰고, 곧 기호품으로 자리잡을 수 있었다. 커피는 한자로 음역되어 '가배다' 혹은 '가비다'라 불렸다.

커피에 대해 기록한 최초의 한국인은 개화를 꿈꾸던 구한말 선각자 유길준(兪吉濬; 1856~1914년)이다. 최초의 미국 유학생이었던 그는 미국 유학 도중 유럽을 순방하며 보고 느낀 점들을 1895년에 발간된 『서유견문(西遊見聞)』을 통해 소개했다. 이 책에서 유길준은 1890년경 커피와 홍차가 중국을 통해 조선에 소개됐으며, 서양 사람들은 주스와 커피를 한국인들이 숭늉과 냉수 마시듯 한다고 기록하고 있다.

최초의 한국인 커피 애호가는 단연 고종(高宗)황제이다. 고종은 1895년 을미사변 당시 피신해 있던 러시아 공사관에서 커피를 처음 맛보게 되었다. 고종에게 커피 맛을 선보인 사람은 러시아 초대 공사 웨베르의 처형인 손탁(孫澤) 여사이다. 손탁의 정확한 이름은 안토니에트 존타크(Sontag)로 독일 여성이었다. 웨베르는 요샛말로 국제 커플이었던 셈이다. 존타크는 독일어로 일요일을 의미하니, 손탁의 조상은 일요일과 모종의 관계가 있는 사람인 것 같다.

고종은 명성황후가 시해당한 후 러시아 공사관에 파천(播遷)해 있으면서 식사는 물론 모든 수발을 맡길 만큼 손탁을 마음에 들어 했다. 고종은 덕수궁 건너편 정동 400여 평 대지에 회색 벽돌로 2층 양옥집을 지어 손탁에게 선물했고, 손탁은 이 집을 1897년부터 호텔로 운영했다. 이 집이 바로 구한말 외국인들이 사교장으로 모여들었던 손탁호텔이다. 손탁호텔은 아치형 창문이 줄지어 선 이른바 아케이드 양식이었다. 2층에는 VIP실, 1층에는 일반실이 있었다. 미국 시어도어 루스벨트 대통령의 딸 앨리스 양, 러일전쟁 취재차 방한한 『허클베리 핀』의 작가 마크 트웨인, 훗날 영국 총리가 된 젊은 시절의 윈스턴 처칠이 손탁호텔에 머물기도 했다. 1층에는 일반실과 함께 레스토랑 겸 커피숍이 들어섰다. 한국 최초의 커피숍이었다. 독일 여성이 운영하던 커피숍이었으니, 어쩌면 크림과 설탕을 타 마시는 독일식 커피가 지금까지도 한국에서 사랑받는 까닭이 이 때문일지도 모를 일이다.

고종은 궁중의 다례의식에까지 사용하도록 했을 만큼 커피를 좋아했다. 덕수궁(德壽宮)에 정관헌(靜觀軒)이라는, 사방이 트인 서양식 정자(亭子)를 짓고 이곳에서 커피를 마시며 외국 공사들과 연회를 갖기도 했다. 궁중 다방이었던 셈이다. 그러던 고종이 커피를 마시고 죽을 뻔했으니 아이러니하다. 광무 2년(1898년) 9월 11일, 고종황제의 생일인 만수절(萬壽節) 다음 날이었다. 어머니 민씨와 아버지 대원군의 상중이었던 고종은 대대적인 만수절 축하연 대신 원로대신 3명만을 이날 경운궁(慶運宮), 즉 오늘날의 덕수궁(德壽宮)으로 불러 조촐한 저녁식사를 마련했다.

식사가 끝나고 고종이 즐겨 마시던 커피가 나왔다. 그런데 커피를 마신 황태자가 갑자기 쓰러졌다. 커피를 마신 다른 이들도 모두 인사불성이 됐다. 고종은 커피의 냄새가 좋지 않다며 마시지 않아 다행히 화를 면할 수 있었다. 커피에는 대량의 아편이 들어 있었다. 고종에게 앙심을 품은 친러파 김홍육의

사주를 받은 궁중요리사 김종화의 짓이었다. 천인 출신이나 한국 유일의 러시아어 통역관으로 높은 관직에까지 오른 김홍육은 러시아와의 통상에서 거액을 착복한 혐의로 흑산도에 귀양 가 있었다. 유배지에서 끌려온 김홍육은 관련자들과 함께 사형에 처해졌다. 이른바 '김홍육의 독차사건(毒茶事件)'이다.

일반 민가에도 외국인 선교사, 상인들을 통해 커피가 파급되었다. 커피는 흔히 양탕(洋湯)국이라고 불렸다. 1910년경에는 브라이상이라는 프랑스인이 커피를 홍보도구로 사용하기도 했다는 기록이 이채롭다. 부래상(富來祥)이라는 한자 이름을 가졌던 이 프랑스인은 지금의 세종로 중부소방서 뒤편에서 나무를 팔았는데, 화살통 크기의 보온병에 커피를 가득 담아놓았다가 자하문과 무악재를 넘어오는 나무꾼들이 황톳마루(세종로 네거리)를 지날 때면 다가가 "고양(高陽) 부씨(富氏)입니다"고 인사를 건네고는 커피를 따라주며 흥정을 했다고 한다.

1919년 이후 명동, 충무로, 종로 등지에도 커피점들이 등장하기 시작했다. 명동의 '멕시코'처럼 다방 주인은 대개 일본인이었다. 그러나 커피 값이 너무 비싸 서민들은 엄두도 내지 못했고, 돈 많고 서양 물 먹은 이른바 신식 멋쟁이들만이 커피를 홀짝일 수 있었다. 한국 최초의 오페라 가수 윤심덕은 종로 다방에서 커피를 즐겨 마셨다고 한다.

커피가 한국에 본격적으로 보급된 것은 1945년 이후, 특히 6·25전쟁이 끝나고 미군이 주둔하면서부터이다. 미군부대에서 흘러나오는 커피, 특히 값싼 인스턴트커피가 대량으로 보급되었던 것이다. 1967년 보건사회부 통계에 따르면 전국 3,600여 다방이 성업 중이었으며, 이들 다방에서 가장 많이 팔리는 음료가 커피였다고 한다. 당시 유통되던 커피는 연간 420여 톤, 약 340만 달러로 잠정 집계되었다. 커피는 당시 수입 금지 품목이었으므로 유통되는 커피는 대부분 부정 유출된 것이었다. 1968년에 커피는 제한 승인품목으로 바뀌었으나, 관세가 높아 호텔 등에 의한 약간의 원두 수입만으로 한정되었다. 1960년대까지만 해도 커피는 손님에게 대접하는 귀한 음료였다.

커피가 그야말로 숭늉 대신으로 마시는 보편 음료가 된 것은 1970년대이다. 동서식품은 1970년 국내 최초로 인스턴트커피 생산에 성공, 커피 가격을 획기적으로 낮췄다. 이어 동서식품은 1976년 세계 최초로 커피믹스를 개발했다. 커피믹스는 커피, 크림, 설탕을 소비자의 입맛에 맞춰 표준화한 비율로 섞어 낱개 포장한 것을 이른다. 커피 한 스푼에 설탕 3스푼, 크림 2스푼의 이른바 다방커피의 비율이었다. 동서식품은 다방을 찾는 손님들이 "보통으로 주세요"라고 주문하는 데 주목, 보통 비율로 커피, 설탕, 크림을 배합했다. 어디서나 간편하게 마실 수 있는 커피믹스는 크게 성공했고, 1980년대가 지나면서 인스턴트커피는 국민 음료로 전성기를 누리게 되었다.

그러나 1990년대에 접어들며 인스턴트커피의 인기는 주춤한 반면, 원두커피의 소비가 가파르게 상승했다. 1인당 국민소

득이 5,000달러를 돌파하면서 생활의 여유가 생긴 것과 무관하지 않은 변화다. 단순히 커피를 마시는 것에 만족하지 않고 고급스러운 커피를 찾게 되기 시작한 것이다. 1990년대 초반에는 원두를 분쇄한 커피가루를 여과지에 넣고 뜨거운 물로 걸러낸 드립식 커피, 즉 원두커피가 큰 인기였다. 그러나 1990년대 말 커피를 종이컵에 담아주는 미국식 테이크아웃 커피점이 소개되면서, 테이크아웃 커피점에서 주로 판매하는 맛과 향이 진한 에스프레소와 에스프레소에 우유, 시럽, 향신료 등을 첨가한 커피음료로 주도권이 넘어갔다.

1999년 7월 스타벅스가 서울 이대점을 시작으로 돌풍을 일으킨 이래 커피빈, 시애틀 베스트 커피, 카페 네스카페, 세가프레도, 글로리아진스, 자바 등의 외국계 테이크아웃 브랜드들이 한국 시장에 뛰어들었다. 한국 브랜드들도 이에 질세라 테이크아웃 사업을 시작하고 매장 수를 늘리고 있다. 시내를 걷다 보면 새로 생긴 테이크아웃 커피점이 여럿 눈에 들어올 정도다.

테이크아웃 커피점은 1999년 처음 선보이기 시작한 이래 2년 만인 2001년에는 400개로 늘어났다. 이동식 차량 점포까지 합치면, 현재 전국적으로 약 6,000개의 에스프레소 전문점이 성업 중이다. 시장규모도 2001년 800억 원에서 2002년에는 1,500여 억 원으로 60% 가까이 성장했다. 전체 원두커피 시장 중 테이크아웃 커피점에서 주로 이용하는 에스프레소 커피의 점유율도 2000년 2%에서 20%로 껑충 뛰었다.

테이크아웃을 이용하는 주요 고객은 여성이다. 할리스의 경우 80%, 스타벅스와 커피빈도 60-70% 이상이 여성 고객이다. 남자들끼리 찾는 경우는 거의 없다. 에스프레소 전문점들이 여성들이 좋아하는 달콤한 메뉴 개발에 열을 올리는 이유가 바로 이 때문이다. 테이크아웃 커피 사업에 뛰어든 국내외 업체 수는 50여 개. 스타벅스는 2005년까지 점포수를 150개로 늘린다는 야심 찬 계획을 세워놓고 있다. 한국네슬레와 두산이 합작한 카페 네스카페는 2004년까지 200여 개의 직영매장을 전국적으로 운영할 예정이다.

한국 테이크아웃 커피 시장이 뜨겁게 달아오르자 아예 한국에서부터 사업을 시작한 외국업체도 등장했다. 커피 관련 제품을 생산하는 일본의 UCC사는 지난 2001년 12월 새롭게 시작한 자사의 테이크아웃 커피 사업인 크레이튼스의 1호점을 도쿄가 아닌 서울 명동에서 시작했다. 홍콩, 싱가포르 등 다른 아시아 지역에서는 에스프레소가 이제 막 유행하기 시작한 반면, 한국은 이미 에스프레소가 일반화됐다면서 성숙한 한국 시장에서 사업을 시작한 후 다른 나라로 진출하기 위해서라고 했다. 그러나 크레이튼스 커피는 한국 시장에서 성공하지 못하고, 2003년 철수했다.

테이크아웃 커피가 한국에서 성공한 까닭은 무엇일까? 업계에서는 진하고 강한 에스프레소 커피를 기본으로 하는 테이크아웃 커피의 다양한 맛에서 원인을 찾는다. 한국인의 입맛에는 묽은 드립식 커피보다는 에스프레소가 더 맞다는 것이다. 한국인들은 에스프레소만을 마시기보다는 에스프레소에 우유, 설탕, 향신료 등을 첨가한 카푸치노, 카페라테 등을 주로 마신다. 이러한 에스프레소를 기본으로 하는 커피음료들은 다방 커피와 맛이 비슷하다.

물론 언제 어디서건 들고 다니며 마실 수 있는 테이크아웃 형태가 활동적이며 편리함을 추구하는 젊은이들의 기호와 맞아떨어졌다는 평가도 있다. 다방이 사랑방 역할을 해온 한국의 기존 커피 문화를 고려, 외국보다 매장을 크고 고급스럽게 꾸며 앉아서 마실 수 있도록 한 테이블숍(table shop) 형태로 한국 시장에 파고든 것이 효과적이었다는 분석도 있다.

그러나 2002년 현재 7,700여 억 원 규모인 커피 시장에서 인스턴트커피가 차지하는 비중은 소비량 기준 85%쯤으로 여전히 압도적이다. 커피믹스는 전년 대비 30.3%가 성장하는 등 인스턴트커피 시장 내에서 그 비중이 커지고 있다. 반면 유리병 등에 담아 판매하는 인스턴트커피는 점차 매출이 줄어들고 있다. 인스턴트커피가 주로 자판기나 사무실, 야외에서 소비되고, 가정에서는 원두커피가 일반화된 요즈음 당연한 현상이라고도 볼 수 있다.

커피의 가공방법

　우리 인식 속의 커피와 생물학적 커피는 엄연히 구분된다. 인간다운 인간과 생물학적 인간이 전혀 별개인 것과 마찬가지다. 언어, 도덕 등 인간을 인간답게 하는 요소들은 사회적 학습과 교육을 통해 습득되고 계발된다.

　커피도 마찬가지다. 커피의 식물학적 정의는 커피나무에 매달린 커피종을 의미한다. 그러나 갓 수확한 커피원두는 옅은 회색을 띤 흰색에 향도 거의 없이 쓰기만 하다. 꽃향기에서 풀냄새, 초콜릿에 이르는 풍부한 향을 포괄하고, 시고 쓰고 떫은 맛을 아우르며, 황토색에서 검은색에 가까운 짙은 갈색까지 다양한 갈색의 스펙트럼을 아우르는 커피는 말리고 볶는 가공과정을 통해 탄생한다.

커피원두를 가공하는 방식은 크게 건식법(dry method)과 습식법(wet method)이 있다. 자연식(natural method)이라고도 불리는 건식법은 가장 오래됐을 뿐만 아니라 가장 단순하며 가장 기계를 적게 사용하는 방식이다. 건식법의 첫 단계는 빨갛게 익은 커피열매, 즉 체리를 수확하는 것이다. 수확하는 방법은 커피 농장의 규모, 시설물, 위치, 재배하는 커피의 품질에 따라 다양하다. 수확한 체리는 세척과정을 거쳐 키질을 통해 잘 익은 열매와 덜 익은 것, 손상된 체리로 선별한다. 먼지, 흙, 나뭇가지 등 원하지 않는 이물질은 바람에 날려 제거한다.

이렇게 선별한 체리는 커다란 콘크리트 블록, 벽돌 패티오 또는 돗자리에 펼쳐놓고 햇볕을 받도록 한다. 가을에 한국의 고추를 말리는 광경과 흡사하다. 체리는 꾸준히 갈퀴나 손으로 섞고 뒤집어 주면서 골고루 마르도록 한다. 체리가 최적상태인 12.5%의 수분을 머금을 때까지 2~3주간 말린다. 햇볕이 약하거나 습도가 높은 지역에서는 최고 4주까지 말리기도 한다. 규모가 큰 농장에서는 더운 바람이 나오는 드라이어를 사용해 말리는 기간을 단축시키기도 한다.

건조작업은 커피의 품질을 결정하는 가장 중요한 단계이다. 체리가 너무 마르면 부서지기 쉬워 운송하는 동안 파손의 위험이 높아진다. 그렇다고 덜 말리면 체리에 곰팡이가 피거나 썩거나 품질이 떨어진다. 따라서 너무 마르지도, 너무 습하지도 않은 12.5%의 수분 유지가 중요하다. 말린 체리는 공장에서 껍질을 벗길 때까지 특별히 고안된 사일로(silo; 탑 모양의 저장고)에 보관한다. 공장에서는 기계를 사용, 커피원두를 체리에서 분리해낸 후 선별과 등급을 매겨 포대에 담는다. 값싼 로부스타 커피원두는 대부분 가격이 저렴하고 손이 덜 가는 건식법을 통해 가공된다. 브라질에서 생산하는 아라비카 커피의 95%, 에티오피아, 아이티, 파라과이산 아라비카의 대부분, 일부 인도, 에콰도르산 아라비카도 건식법을 거친다.

습식법은 특별히 고안된 기계와 많은 양의 물을 사용하기 때문에 상대적으로 비용이 높지만, 건식법보다 커피원두 본래의 맛과 향을 더 훌륭하게 보존할 수 있을 뿐만 아니라 원두 훼손도 적다. 따라서 습식법은 대부분의 고급 아라비카 커피원두를 가공하는 데 주로 이용된다. 단, 브라질은 전체 아라비카 생산량의 95%를 건식법으로 가공한다.

건식법과 마찬가지로 수확한 체리는 물이 가득 담긴 커다란 탱크 속에서 세척 및 분류과정을 거친다. 익지 않은 체리와 잘 여문 것, 큰 것과 작은 것으로 선별한다. 선별작업이 끝나면 체리의 껍질과 과육을 제거한다. 이 과정이 건식법과 습식법의 가장 큰 차이점이다. 과육 제거에 사용되는 기계에는 움직이는 면과 고정된 면이 마주보는 부분이 있는데, 이 부분을 체리가 통과하면 껍질과 과육이 커피원두로부터 떨어져 나간다. 두 면의 간격은 커피원두가 손상되지 않도록 조절이 가능하다. 체리를 수확한 후 그 시기가 **빠르면 빠를수록** 커피원두 품질에 손상이 덜하다.

과육을 벗겨낸 커피원두는 진동판에서 2차 분류과정을 거친다. 과육이 제대로 제거되지 않은 체리와 원두 사이에 섞여 있던 과육이 이 과정에서 제거된다. 커피원두는 다시 한번 탱크에서 물로 깨끗이 세척하는 과정을 거친다. 세척이 끝난 커피원두는 커다란 탱크에서 며칠간 발효된다. 발효과정을 거치면서 커피원두에 남아 있던 끈적끈적한 점액과 속껍질이 용해된다. 발효할 때는 세심한 주의가 요구된다. 자칫 잘못하면 원두에서 불유쾌한 신맛이 날 수도 있기 때문이다. 점액과 속껍질이 사라지는 데 걸리는 시간은 효소의 농도와 막의 두께에 따라 달라지지만, 일반적으로 24~36시간이 걸린다. 발효과정을 거친 원두에는 얇은 은색의 막만이 남아 있으며, 미끈거리는 기운이 사라지면서 손으로 만져보면 조약돌과 비슷한 느낌이 난다.

발효과정이 끝난 원두는 다시 한번 세척된다. 이때 커피원두는 약 57%의 수분을 함유하고 있다. 이상적 수분 함유량인 12.5%로 낮추기 위해 햇볕 또는 드라이어를 사용해 원두를 건조시킨다. 햇볕과 기계가 함께 사용되기도 한다. 햇볕에서 말릴 때에는 건식법과 마찬가지로 넓은 콘크리트 판이나 돗자리가 사용된다. 원두를 2-10cm 두께로 펼쳐 놓고 자주 뒤집어 골고루 마르도록 해준다. 8일에서 10일이면 말리는 작업이 끝난다. 드라이어는 거대한 커피 농장에서 수확한 많은 양의 커피원두를 상하기 전에 건조시키는 데 필수적이다. 이 과정을 마친 원두는 은색 막에 쌓여 있다고 해서 영어로 막을 의미하는 '파치먼트(parchment)'를 붙여 '파치먼트 커피'로 불리기도 한다.

건식법과 습식법을 통해 얻어진 커피원두는 수출되기 직전 큐어링(curing)이라고 하는 마지막 단계를 거친다. 마지막까지 남아 있던 은색 막이 이 과정에서 벗겨지고 먼지와 불순물이 제거된다. 스팅커(stinker)라 불리는 기계를 사용해 눈으로는 감지할 수 없는 결점을 지닌 원두도 솎아낸다. 도매상들이 선택하고 주문할 수 있도록 원두에는 품질에 따라 여러 이름과 등급이 매겨진다.

이렇게 길고 복잡한 가공 과정에도 불구하고 커피원두는 아직 우리가 알고 있는 커피의 모습이 아니다. 회색빛을 띤 흰색에 풋내가 나는 상태이다. 인간으로 치면 학교 교육을 받지 않은 상태라고나 할까. 로스팅(roasting) 또는 배전이라고 하는 볶는 과정을 거친 후에야 커피원두는 비로소 커피로 재탄생한다. 원두를 12~20분간 섭씨 180-250도에서 볶으면, 원두에 들어 있는 과당 등 당분이 캐러멜화하면서 커피기름으로 알려진 물질을 만든다.

캐러멜화는 어린 시절 불량식품의 대명사 '뽑기'를 연상하면 이해가 쉽다. 설탕을 쇠 주걱에 담아 불 위에 올리면 설탕이 녹으면서 구수한 향기가 나는 갈색 액체로 변화한다. 이것이 캐러멜화이다. 잘 볶은 원두는 힘을 주면 손가락 사이에서 부서지는 정도이며, 절대 태워서는 안 된다. 커피원두는 로스팅의 정도에 따라 라이트 로스트, 시티 로스트하는 식으로 분류하기도 한다. 로스팅이 커피에 미치는 영향이 얼마나 절대적인지 단적으로 알 수 있다.

커피원두는 로스팅의 강도에 따라 다양한 맛과 향을 얻는다. 로스팅은 대략 9가지 강도로 나뉜다. 라이트(light) 로스팅한 원두는 감미로운 향기가 나지만 커피를 끓였을 때 쓴맛, 단맛과 깊이는 느낄 수 없다. 노란색에 가까운 황토색을 띠며, 최약배전이라고도 한다. 시나몬(cinnamon) 로스팅은 원두가 계피(cinnamon)색이 난다고 해서 붙은 이름이다. 원두는 황갈색이며 신맛이 뛰어나다. 약배전이라고 부르기도 한다. 약강배전이라고도 하는 미디엄(medium) 로스팅은 신맛이 중심을 이룬 가운데 쓴맛이 약하게 난다. 식사 중에 마시기에 적당하다. 미국에서 많이 소비된다고 해서 아메리칸(American) 로스트로도 불린다.

갈색이 완연한 하이(high) 로스팅에서부터 신맛이 엷어지며 단맛이 나기 시작한다. 중강배전이라고도 한다. 시티(city) 로스팅 또는 중중배전을 거친 원두는 맛과 향이 균형 잡힌 표준적 커피이다. 독일에서 특히 선호되어 저먼(German) 로스트라고도 부른다. 풀 시티(full city) 로스팅은 신맛이 거의 없으면서 쓴맛과 진한 맛이 강해서 진한 갈색 원두답다. 에스프레소 커피용으로 많이 사용된다. 아이스커피에도 좋으며, 중강배전이라고 한다.

프렌치(French) 로스팅은 프랑스에서 선호하는 진한 커피에 쓰이는 원두라는 의미로, 쓴맛과 진한 맛이 묵직한 느낌을 준다. 커피기름이 표면에 끼기 시작하는 단계로 강배전이라고 부르기도 한다. 원두는 검은색을 띤 갈색이다. 최강배전, 이탈리안(Italian) 로스팅은 진하기와 쓴맛이 극대치에 달한 원두이다. 탄내가 나기도 한다. 에스프레소용으로 이전부터 애용되는 로스트이나, 최근에는 가벼운 풀 시티 로스팅에 조금 밀리는 추세이다.

로스팅은 미국, 유럽, 일본 등 소비국에서 주로 이뤄진다. 소비자들의 입맛에 맞게 로스팅하기 위해서이기도 하지만, 브라질을 제외한 대부분의 커피 생산국들이 로스팅 기술을 보유하지 못했기 때문이기도 하다. 과거 유럽과 미국의 소비자들은 커피원두를 집에서 직접 로스팅하거나, 커피 상점들이 로스팅한 원두를 구입해 사용했다. 그러나 20세기에 접어들면서 커피 시장은 이른바 로스터(roaster)라 불리는 거대 다국적 기업들이 장악했다. 커피의 품질을 일정 수준으로 유지하기 위해 로스터들은 여러 지역에서 생산한 다양한 커피원두를 배합해 상품화한다.

커피의 맛과 향

 커피는 새까맣고 쓴 음료라고만 막연하게 생각하는 이들이 많다. 그러나 커피 애호가들은 맛과 향으로 커피의 원산지와 품질을 구분한다. 와인 애호가들이 와인을 감별하는 것과 마찬가지다. 예를 들어 가장 비싼 블루마운틴 커피는 초콜릿 향이 나면서 우아한 신맛이 특징이며, 인도네시아산(産) 자바 커피는 풀 향기와 향신료의 냄새가 강하면서 쓴맛이 난다.

 커피원두를 가공하는 회사, 즉 로스터에는 원두의 맛과 품질을 확인하는 전문가들이 있다. 이들은 감별사(taster)라고 불린다. 맥스웰, 맥심, 네스카페 등 이들 로스터 회사들은 자사 브랜드를 붙여 판매하는 커피의 품질과 맛을 일정 수준으로 유지하기 위해 세계 여러 지역에서 생산되는 다양한 원두를 배합하는데, 이때 감별사들의 평가가 필수적이다. 세계 주요 로스터에는 수십여 명의 감별사들이 근무하고 있다.

감별사들이 커피를 감별하는 과정은 엄숙하다 못해 신성한 분위기까지 감돈다. 감별사들은 회전판이 놓인 테이블에 둘러 선다. 회전판에는 여러 종류의 커피가 놓여 있다. 감별사들은 작은 스푼으로 커피를 떠 마시고 향을 맡아가며 커피를 평가한다. 감별사들은 각각의 커피를 두세 차례 맛본 후 커피 잔 앞에 놓인 작은 쪽지에서 커피의 이름을 확인한다. 감별사들은 "2번은 산미(酸味)가 강하군요" "7번은 바디(body)가 좋군요" "과일 냄새와 초콜릿 향이 납니다" 등의 평가를 내리고, 이를 서로 교환한다. 자신과 크게 다른 평가를 내린 감별사와는 격렬한 논쟁이 오가기도 한다.

커피 감별사들과 애호가들은 커피의 맛과 향을 정의하기 위해 공통된 어휘들을 사용한다. 이 역시 와인과 비슷하다. 실제 커피를 정의하는 데 사용하는 단어들은 와인의 단어들과 겹치는 것들이 많다. 커피를 설명하는 표현들은 다음과 같다.

커피 향을 설명하는 표현들

과일 향/감귤 향(fruity/citrus) 과일의 향과 맛이 나는 커피를 말한다. 특히 딸기(berry)류의 향과 연관된다. 이 향은 커피의 산미와 연관되어 있다. 감별사는 이 용어를 아직 익지 않았거나 너무 익은 커피원두를 표현할 때 사용해서는 안 된다.

견과류 냄새(nutty) 볶지 않은 땅콩, 도토리, 밤 등 견과류의 냄새를 말한다. 그러나 쓴 아몬드는 포함되지 않는다.

고무 냄새(rubber-like) 뜨거운 타이어, 고무줄 등에서 나는 냄새를 말한다. 이러한 향이 나는 커피라고 해서 품질이 떨어지는 것은 아니며, 일부 커피에서는 강하게 느껴지기도 한다.

곡물 냄새/맥아 냄새/구운 빵 냄새(cereal/malty/toast-like) 토스트 등 구운 빵에서 나는 냄새, 곡물에서 나는 향기, 맥아 냄새 등과 비슷한 커피 향을 지칭한다. 더 정확하게는 익히지 않았거나 굽지 않은 곡물, 맥아 추출액, 갓 구운 빵과 막 구운 토스트의 냄새를 말한다.

꽃향기(floral) 인동초, 재스민, 민들레, 쐐기풀 등의 꽃에서 뿜어져 나오는 향기가 나는 커피를 표현할 때 사용한다. 과일 또는 풀 향과 함께 맡을 수 있는 경우가 대부분으로, 독자적으로 꽃향기만 나는 커피는 드물다.

나무 냄새(woody) 목재, 참나무통, 죽은 나무, 마분지와 비슷한 커피의 냄새를 표현할 때 사용한다.

동물 냄새(animal-like) 이 향은 동물을 연상하게 한다고 해서 붙은 이름이다. 사향(麝香)과 같이 향기롭다는 의미는 아니다. 젖은 털, 땅, 가죽, 오줌의 냄새와 흡사하다는 의미이다. 이런 냄새가 난다고 해서 품질이 떨어지는 커피는 아니다. 일반적으로 향이 강한 커피를 설명할 때 사용하는 단어이다.

썩은 냄새(rancid/rotten) 이 용어는 여러 종류의 물질이 부식 또는 산화하면서 풍기는 냄새를 말한다. rancid는 견과류와 같이 지방이 많은 물질이 산화하면서 풍기는 고약한 냄새를, rotten은 부패한 채소와 같이 비지방성 물질의 불유쾌한 냄새를 지칭한다. 감별사는 이 용어를 강한 향기를 가졌지만 상해가는 기미가 보이지 않는 커피에 사용해서는 안 된다.

와인 향(winey) 와인을 마실 때 경험하는 향기, 맛 그리고 입을 채우는 느낌이 드는 커피를 표현할 때 사용하는 단어이다. 신맛과 과일 향이 강한 커피에 주로 사용된다. 감별사는 와인 향을 신 냄새 또는 발효 향과 혼동해서는 안 된다.

재 냄새(ashy) 이 표현은 재떨이, 흡연자의 손가락, 벽난로를 청소하고 난 후 손에서 나는 냄새와 비슷한 커피 향을 지칭한다. 부정적인 의미는 없다. 일반적으로 로스트의 정도를 지적할 때 사용하는 표현이다.

초콜릿 향(chocolate-like) 코코아 파우더 또는 초콜릿과 비슷한 향기를 가진 커피를 표현하는 단어이다. 다크 초콜릿과

화이트 초콜릿의 향도 포함된다. 커피의 달콤한 향기를 지적할 때에도 사용된다.

캐러멜 향(caramel) 설탕을 캐러멜화할 때 나는 냄새와 비슷한 커피 향을 지칭한다. 캐러멜화는 태우는 것과는 다르며, 감별사는 이 용어를 타는 듯한 냄새를 표현할 때 사용하지 않도록 유의해야 한다.

탄내/스모키(burnt/smokey) 탄 음식과 비슷한 향기를 표현할 때 사용하는 단어이다. 이 냄새는 나무를 태울 때 나는 연기의 냄새와 연관되어 있다. 이 단어는 감별사가 진하게 로스트한 커피원두를 표현할 때 사용한다.

화학물질 냄새/약 냄새(chemical/medicinal) 화학물질 또는 병원, 약품에서 맡을 수 있는 냄새와 비슷한 향기를 지칭한다. 화학 잔류물질이 많은 커피 또는 휘발성 물질과 흡사한 향이 있는 커피를 설명할 때 많이 사용하는 단어이다.

향신료(spicy) 정향, 계피, 올스파이스 등 달콤한 향을 가진 향신료와 흡사한 커피 향을 표현할 때 사용한다. 후추, 오레가노 등 다른 향신료의 냄새는 포함되지 않는다.

흙내(earthy) 신선한 흙, 축축한 땅, 부식토의 냄새가 나는 커피를 표현할 때 감별사가 사용하는 단어이다. 곰팡이, 생감자의 향이 나는 커피에도 적용된다. 흙 냄새가 나는 커피는 품질이 떨어지는 커피로 간주된다.

커피 맛을 표현하는 단어들

단맛(sweetness) 자당(蔗糖) 또는 과당(果糖)이 녹아 있는 액체에서 느낄 수 있는 맛이 나는 커피를 말한다. 과일, 초콜릿, 캐러멜 냄새와 연관되어 있다. 기분 나쁜 맛과 반대되는 개념이다.

산미(acidity) 오렌지 등 과일에서 느껴지는 신맛을 지닌 커피를 표현할 때 사용한다. 날카로우면서 상쾌한 커피를 말한다. 적절한 산미를 가진 커피가 좋은 커피로 평가된다. 그러나 발효된 음식에서 느껴지는 시큼한 맛과는 다르며, 이는 좋은 품질의 커피가 아니다.

신맛(sourness) 식초 또는 식초의 주성분이 초산과 흡사한, 지나치게 날카롭고 혀를 찌르는 듯한 커피를 지적할 때 사용하는 단어이다. 발효된 커피를 가리킬 때에도 사용된다. 감별사는 신맛과 산미를 혼동해서는 안 된다.

쓴맛(bitterness) 카페인, 퀴닌, 특정 알칼로이드가 녹아 있는 물에서 나는 맛이다. 커피에서 쓴맛은 과하지 않은 수준에서는 필요하다고 여겨지며, 커피원두를 얼마나 로스트하느냐에 따라 결정된다.

짠맛(saltiness) 소금기가 느껴지는 커피를 의미한다.

커피가 입에서 느껴지는 느낌을 표현하는 단어들

밀도/바디(body) 커피의 물리적 성질을 설명할 때 사용되는 단어이다. 일례로 밀도가 높고 바디가 있는 커피란 입을 꽉 채우는 듯 맛과 향이 풍부하면서도 상쾌한 커피를 말한다. 바디가 약하다고 하면 이와 반대되는 의미로, 일반적으로 좋지 않은 커피를 말한다.

수렴성(astringency) 커피를 마시고 난 후 입이 마르는 듯한 느낌을 말한다. 수렴성이 강한 커피는 품질이 낮은 커피로 간주된다.

커피 끓이기

커피 1스푼에 설탕 3스푼과 크림 2스푼, 소위 다방 커피의 전형적인 비율이자 한국 사람들이 가장 좋아하는 커피의 맛이기도 하다. 그러나 전세계 사람들이 즐기는 커피의 공식은 똑

같지 않다. 세계 곳곳의 커피 애호가들은 서로 다른 생활과 환경과 습관과 주머니 사정에 따라 제 나름의 커피 기호를 개발했고 발전시켜 왔다. 팔레스타인 시인 마흐무드 다르위츠는 「망각을 위한 기록」에서 다음과 같이 읊었다. "커피의 맛이라고 부를 수 있는 것은 이 세상에 존재하지 않는다. 이는 단지 개념일 뿐이며, 물질의 수준을 넘어선 것이다. 사람들은 각기 다른 커피 취향을 가졌다. 내게 권하는 커피에 따라 그가 어떤 사람인지, 얼마나 고상한 사람인지를 평가하고 예측할 수 있다."

터키식 또는 아랍식 커피 아랍인들은 세계에서 처음으로 커피를 마신 사람들이다. 아랍인들이 커피를 끓이는 방식은 한때 아랍을 포함한 이슬람 세계 전역을 지배했던 오스만 제국의 주인이던 터키족의 커피, 즉 터키식 커피로 흔히 알려져 있다.

터키식 커피는 물과 커피가루를 함께 끓인다는 점이 가장 큰 특징이다. 커피원두를 2스푼쯤 이브리크(ibriq)라고 하는 긴 손잡이가 달린 구리 용기에 물과 함께 넣는다. 원두는 가볍게 살짝 볶은 것을 사용하며, 밀가루처럼 곱게 빻는다. 취향에 따라 설탕도 1스푼 정도 함께 넣어준다. 이브리크에 담긴 액체가 끓어오르며 거품을 일으키면 이를 저어준 후 불에서 내려놓는다. 불에 올렸다가 끓어오르면 내리는 과정을 세 차례 반복한다. 3번 끓인 커피는 가루와 함께 작은 잔에 따른다. 터키식 커피는 천천히, 가루가 가라앉는 속도에 맞춰 마셔야 한다. 따라서 아무리 급하게 마시더라도 최소 2분은 걸린다. 걸쭉하고 진하지만 약하게 볶은 원두를 사용하므로 쓰지 않고 구수하다.

전문가들은 터키식이 3번이나 끓이는 과정에서 커피가 지닌 미묘한 맛과 향이 날아가기 때문에 커피의 제 맛을 즐기기에 이상적인 방법은 아니라고 말한다. 그러나 장중한 의식과도 같은 커피 끓이기 그리고 천천히 마실 수밖에 없기 때문에라도 커피를 마시는 동안만큼은 여유를 갖게 된다는 점에서 터키식 커피는 매력적이다. 커피를 마신 후 잔을 뒤집어 커피 찌꺼기가 만들어내는 모양으로 커피점(占)을 보기도 한다.

필터 또는 드립 커피 필터(filter)식 또는 드립(drip)식 커피는 오늘날 가장 널리 사용되는 커피 추출 방식으로, 특히 미국과 독일에서 애용되고 있다. 잘게 간 커피원두를 종이필터 또는 영구적 사용이 가능한 원추형 금속필터에 담는다.

커피를 본격적으로 우리기 전, 뜨거운 물을 커피가루가 물을 머금고 살짝 부풀어 오를 정도로만 부어준다. 이렇게 하면 커피의 맛과 향이 더 잘 우러나온다. 이후 뜨거운 물을 천천히 따라준다. 안쪽에서 바깥쪽으로 물을 골고루 따라줘야 커피가 제대로 추출된다. 요즘은 대부분 전기식이라 이러한 걱정이나 즐거움은 신경 쓸 필요가 없기도 하다. 우러나온 커피 액은 똑똑똑 필터 아래에 놓인 용기로 떨어진다.

필터 커피는 1908년 독일 여성 멜리타 벤츠(Melita Bentz)가 종이필터를 발명하면서 보편화됐다. 벤츠 여사는 이전까지 사용되던 자기(磁器) 필터에 남는 커피 찌꺼기로 인해 골치를 앓던 중, 구리 용기 바닥에 압지를 깔고 커피를 걸렀다. 벤츠 여사는 1908년에 종이 필터를 특허 신청했고, 멜리타라는 회사를 세운 뒤 필터와 필터를 사용하는 커피기계를 판매했다. 1920년부터는 자체적으로 제품을 생산했고, 1937년 원추형 필터를 개발해 큰 성공을 거두었다.

플런저 커피 플런저(plunger) 커피의 원리는 1933년에 발명됐다. 그러나 본격적으로 사용되기 시작한 것은 1950년 프랑스 보툼 사가 긴 원통형 유리용기에 둥그런 금속 망이 달린 피스톤 모양의 플런저가 달린 기구를 개발하면서부터이다. 보툼 사의 기구가 큰 인기를 끌면서 이제는 프렌치 프레스(French press)라는 이름으로 통용된다. 추출 방법은 이렇다. 굵게 간 커피를 용기에 넣고 뜨거운 물을 부은 후 저어준다. 3분에서 5분간 커피가 우러나오도록 한 뒤 플런저를 눌러 내리면 커피가루와 우러나온 커피 액체가 분리된다. 필터 방식보다 약간 불편하지만, 커피기름이 모두 물에 녹아 커피의 맛과 향을 가장 잘 뽑아내는 방식으로 알려져 있다. 필터 방식과 함께 오늘날 가장 사랑받는 커피 추출 방식 가운데 하나이다.

사이펀 커피 사이펀(siphon) 커피는 추출 과정을 보면서 마시고 싶다는 욕구가 생겨나게 하는 커피다. 사이펀이 대기의 압력을 이용해 액체를 하나의 용기에서 다른 용기로 옮기는 데 쓰는 관임을 생각하면 추출 원리를 이해할 수 있다. 빨대처럼 생긴 사이펀에 아래위로 2개의 투명하고 둥그런 플라스크가 연결된다. 이들 플라스크는 빈틈없이 밀착해 진공에 가까운 상태가 된다. 이 때문에 사이펀 커피를 '배큐엄(vacuum; 진공) 커피'라고 부르기도 한다.

물이 담긴 아래쪽 플라스크와 커피 가루가 있는 위쪽 플라스크를 밀착 연결한다. 물이 끓으면서 아래쪽 플라스크 내 압력이 커지고, 압력에 밀려 물은 위쪽 플라스크로 이동해 커피 가루와 접촉한다. 커피 가루와 섞인 물을 대나무 주걱이나 막대로 저어준다. 커피에 허연 거품이 일 때쯤 불을 끄면 아래쪽 플라스크의 기압이 내려가고, 추출된 커피가 아래쪽 플라스크로 이동한다. 아래쪽 플라스크를 분리해 잔에 커피를 따르면 된다.

부드럽고 깨끗한 맛이 사이펀 커피의 특징으로 꼽힌다. 사이펀 전용 융 필터로 내리면 종이 필터로는 걸러지는 지방 성분까지 추출돼 입 안에서 부드럽게 느껴지는 것이다. 향도 풍부하다.

사이펀 커피는 1840년 스코틀랜드에서 개발됐다. 서구에서는 별 관심을 받지 못하다가 일본에서 인기를 얻으며 기사회생했다. 이후 2002년 설립된 미국 블루보틀에서 선보이면서 세계적으로 주목받게 됐다.

모카-나폴리타나 19세기 프랑스에서 처음 고안된 기구이나 제2차세계대전 이후 이탈리아, 특히 나폴리에서 인기를 끌면서 모카-나폴리타나(Moka-Napolitana), 모카 또는 나폴리타나로 불리게 되었다. 납작한 사다리꼴 또는 반원형 기단부 위에 원통형 커피포트가 부착된 형태로, 한국의 탑 또는 발사대에 놓인 우주선을 연상하면 이해가 쉽다. 기단부와 커피포트는 나사 형태로 꼭 들어맞게 되어 있다. 기단부에는 물이 들어가고, 기단부와 커피포트 사이에 아주 곱게 간 커피가루가 담긴 바스켓이 있다. 물이 끓으면 기단부 내의 압력이 높아지고, 수증기가 위쪽 커피포트로 이동한다. 수증기는 바스켓을 통과하면서 커피로 바뀌게 된다. 퍼콜레이터와 같은 원리이나, 커피가 위의 커피포트에 그대로 머무른다는 점이 다르다.

이탈리아에서는 모카-나폴리타나가 없는 가정이 없을 정도다. 업소에서 사용하는 크고 복잡한 에스프레소 머신과 같은 수준은 아니지만, 이 기구를 사용하면 그래도 만족할 만한 수준의 에스프레소 커피를 마실 수 있기 때문이다.

에스프레소 이탈리아어로 '빠르다'는 의미를 가진 에스프레소(espresso)는 6g 또는 1티스푼 분량의 다크 로스트 커피원두를 '에스프레소 머신'이라 불리는 기계에서, 섭씨 93-96도의 온도와 중력의 8-10배인 높은 압력을 가진 증기가 20~30초간 통과하도록 하여 뽑은 40-50㎖ 분량의 커피를 말한다. 커피가 50㎖를 넘어서는 안 된다. 흔히 '데미타스'라고 부르는 60㎖ 잔에 서빙한다. 압축된 증기를 사용하기 때문에 다른 방식으로 추출한 커피보다 맛과 향이 진하다.

그 외 변형들

인스턴트커피 빠르고 쉽게 끓일 수 있고 오래 보관할 수 있다는 장점이 있는 인스턴트커피는 1901년 일본계 미국인 과학자 가토 사토리가 발명했다. 이후 1938년 스위스의 다국적 식품기업 네슬레(Nestle)가 과잉생산으로 허덕이고 있던 브라질 정부로부터 "커피 재고를 처리할 장기적 방안을 마련해 달라"는 요청에 따라 '네스카페'라는 인스턴트커피를 개발해 대량 생산하면서 빠르게 보급됐다.

가토의 방식은 커피원두를 볶아 이를 냉각·분쇄한 후 증기나 열탕을 통과시켜 커피 액을 추출, 다시 원심분리기에 넣어 입자를 제거하고, 뜨거운 바람으로 건조시키는 것이었다. 그러나 이러한 방법은 마지막 건조과정에서 받는 뜨거운 열로 인해 커피의 맛과 향이 사라진다는 단점이 있었다.

인스턴트커피는 1965년에 등장한 동결건조법으로 맛이 크게 향상되었다. 동결건조법이란 수분을 함유한 재료를 얼린 후 압력을 크게 낮추면, 얼음이 액체 상태를 거치지 않고 바로 기체로 변해 제거되는 기술이다. 커피 제조업체들은 커피 액을 뜨거운 바람으로 건조시키는 대신 동결건조법을 적용했다. 즉, 커피 액을 얼린 후 압력을 극도로 낮추면 바싹 마른 얇은 커피 조각으로 변한다. 뜨거운 바람을 쏘일 필요가 없으므로 커피의 풍미가 크게 훼손되지 않는다.

인스턴트커피는 카페인 함유량이 높으므로 주의해야 한다.

인스턴트커피가 한 잔당 평균 75㎎의 카페인을 함유한 반면, 에스프레소는 40㎎으로 그 절반 수준이다. 커피의 카페인은 물과 오래 접촉할수록 많이 녹아 나오는데, 커피 원액을 만드는 과정에서 다른 어떤 방법보다 물과 접촉하는 시간이 많기 때문이다. 한국에서 소비되는 커피의 대부분이 인스턴트커피이나 생활수준이 향상되면서 조금씩 줄고 있는 추세다.

향커피 향커피는 1970년대 미국의 작은 커피 로스터들에 의해 개발되기 시작, 오늘날에는 100여 개 이상의 향커피가 존재한다. 향커피는 특정 향기를 지닌 기름을 로스팅이 갓 끝난 커피원두에 뿌려 흡수되도록 하는 방식으로 만들어진다.

향커피는 커피에 위스키를 넣은 아이리시 커피와 같이 알코올이 첨가된 커피를 대체하기 위해 개발되기 시작했다. 그러나 커피를 처음 접하는 사람들과 젊은 층이 선호하는 달콤한 맛이 나는 향커피 개발이 최근 추세이다.

그러나 커피 애호가들은 커피 이외의 불순한 냄새가 나는 커피를 경멸한다. 오래된 재고 커피를 어떻게 처리할까 고민하다가 만들어진 것이 향커피라는 악평도 있지만, 한국에서는 상당히 오랫동안 그리고 지금도 일부에서는 여전히 향커피를 고급 커피로 인식하고 있다. 그러나 아랍지역에서는 오래전부터 카르다몬을 첨가해 마셨으며, 멕시코에서도 계피 또는 초콜릿을 커피에 뿌려 마시는 전통이 이어져왔다. 어떻게 보면 카푸치노, 카페라테 등 우리가 흔히 마시는 커피음료들은 모두 우유라는 불순물이 커피에 섞여 있는 셈이 아니겠는가.

캔커피 뚜껑만 따면 바로 마실 수 있는 캔커피는 1969년 일본 커피업체 UCC가 처음 고안한 것이다. 캔커피가 일본에서 등장하게 된 데에는 세계 어느 나라보다도 발달한 자판기 문화 때문이라는 분석도 있다. 자판기가 널리 보급되지 않은 유럽과 미국에서 아직도 캔커피가 인기를 얻지 못하고 있는 것도 이 같은 분석에 힘을 실어준다. 그러나 아시아에서는 캔커피가 널리 판매되고 있다.

에스프레소

에스프레소에 대해서는 별도의 언급이 필요할 것 같다. 종이컵에 커피를 담아 들고 다니며 간편하게 마실 수 있는 미국식 테이크아웃 커피가 세계적으로 유행하면서, 테이크아웃 커피점에서 주로 판매하는 에스프레소와 에스프레소에 우유, 초콜릿 등을 첨가한 커피음료가 최근 급속하게 세력을 확장하고 있기 때문이다.

에스프레소는 1948년 이탈리아의 아킬레 가자(Gaggia) 박사가 에스프레소 머신을 개발하면서 탄생했다. 테이크아웃 커피점의 카운터 뒤에서, 반짝거리는 알루미늄 몸체에 증기가 치익 소리를 내며 뿜어 나오는 'ㄱ'자 노즐이 달린 기계가 바로 에스프레소 머신이다. 에스프레소(espresso)는 '빠르다'는 이름의 어원처럼, 커피를 추출하는 데 걸리는 시간이 20초 이상 30초 미만으로 매우 짧다.

에스프레소는 '커피의 심장(heart of coffee)'이라고 불릴 만큼 맛과 향이 진하다. 드립식 등 다른 방식들은 커피의 여러 성분 중 물에 녹는 수용성(水溶性) 성분만을 추출하지만, 에스프레소는 중력의 8-10배 압력을 가한 강력한 증기로 비(非)수용성 성분도 추출할 수 있기 때문이다.

에스프레소를 처음 맛볼 경우 향은 좋지만 맛은 한약처럼 쓰다고 느끼기 쉽다. 그러나 마실수록 특유의 감칠맛이 있다. 그러한 감칠맛과 향은 흔히 커피오일이라고 불리는 커피원두의 지방성분에 포함된 것이다. 때문에 일부 커피 애호가들은 에스프레소의 맛이 인위적이라고 비난하기도 한다. 물과 카페인이 접하는 시간도 20여 초로 짧기 때문에 카페인 함량도 낮다. 카페인은 물에 녹는 물질로, 커피원두가 물과 접하는 시간이 길어질수록 카페인의 양도 늘어난다.

그렇다면 완벽한 에스프레소는 어떻게 뽑을까. 이탈리아 커피원두업체 라바차(Lavazza)의 미국 지사장은 「뉴욕타임스」와의 인터뷰에서, "한 잔의 완벽한 에스프레소를 설명하는 데 시(詩)적 수사는 필요 없다"고 말한 바 있다. 에스프레소는 과학이라는 것이다. 이 사람이 정의하는 완벽한 에스프레소란 섭씨 90-95도로 끓인 물을, 곱게 간 진한 에스프레소용 커피가루 사이로, 25~30초간 9기압의 강력한 증기를 통과시켜, 정확히 1온스 분량으로 추출한 커피이다. 에스프레소의 과학은 커피 가게마다 가지고 있는 나름의 '커피 철학'과 미각에 따라 모두 다르므로, 라바차의 공식을 절대적으로 받아들일 필요는 없다.

커피성분이 커피의 정신(精神)이라면 물은 커피의 정신이 담긴 신체(身體)에 해당할 것이다. 다른 커피 또한 마찬가지겠지만, 에스프레소용 물은 잡미와 잡향이 없어야 한다. 수돗물에는 염소 냄새가 나므로, 활성탄(카본) 필터로 냄새를 제거하는 것이 좋다. 또 칼슘 및 마그네슘 염류를 다량 함유한 경수(硬水)보다는, 염류 함유량이 적은 연수(軟水)가 좋다.「뉴욕타임스」는 에스프레소용 물은 1갤런당 칼슘 4그레인이 포함되어야 이상적이라면서, 이탈리아 나폴리의 물이 가장 좋다고 알려져 있다고 전했다. 나폴리 인근 베수비오 화산 암반지대를 거치면서, 또는 낡은 상수도관의 어디에선가 적절한 양의 칼슘이 녹아들기 때문이라고 한다.

에스프레소의 품질은 눈으로만 보고도 알 수 있다. 에스프레소를 추출하면 짙은 황토색 또는 카키색의 두꺼운 크림이 커피를 덮는다. 이를 '크레마'라고 하는데, 이탈리아어로 크림을 의미한다. 크레마는 커피오일이 증기와 만나 미세한 거품이 된 것으로, 시간이 지나면서 점차 사라진다. 크레마가 오래 남아 있을수록, 거품이 고울수록 완벽한 에스프레소라고 평가할 수 있다.

커피나 한 잔 하려고 테이크아웃 커피점에 들어갔다가 당혹스러워하는 사람들이 적지 않다. 메뉴판에서 그냥 커피는 찾을 수 없고, 알쏭달쏭한 외국어만 가득하다. 그러나 핵심 단어 몇 개만 알면 아는 척하면서 주문할 수 있다. 테이크아웃 커피점의 메뉴에는 이탈리아어가 많다. 테이크아웃 열풍의 진원지는 미국이지만, 테이크아웃 커피점에서 주로 판매하는 에스프레소 커피가 이탈리아를 중심으로 발달했기 때문이다. 여기에 미국의 용어들이 일부 첨가됐다. 다음은 에스프레소와 관련된 주요 용어들이다.

도피오(dopio) 2배(double)라는 의미의 이탈리아어로, 2잔 분량의 에스프레소를 한 잔에 담은 것이다. 카푸치노를 진하게 마시고 싶을 때 들어가는 에스프레소의 양을 도피오로 해달라고 하면 된다.

카페라테(caffe latte) 라테는 이탈리아어에서 우유를 의미한다. 에스프레소와 우유의 비율을 1:4로 섞어 부드럽다. 아침식사로 빵과 곁들이거나 이것만 마셔도 든든하다. 프랑스의 카페오레와 같다.

카푸치노(cappuccino) 에스프레소와 우유를 1:2의 비율로 섞은 것으로, 카페라테보다 우유가 덜 들어가 커피 맛이 더 진하다. 아침식사 또는 샌드위치 등의 담백한 식사에 좋다. 이탈리아 본토에서는 식사 후 반드시 에스프레소만을 마시지만, 미국, 한국 등에서는 카푸치노와 같이 우유가 첨가된 에스프레소 음료도 즐겨 마신다. 소금간이 강하고 고기, 지방류가 많은 서구식 식사에는 에스프레소가 어울리지만, 채소가 많고 양념이 강한 한국 음식에는 에스프레소보다 카푸치노가 더 어울린다고 평가된다.

마키아토(macchiato) 에스프레소에 15㎖ 또는 1티스푼의 우유로 점을 찍는다(marking)는 의미. 카푸치노보다 강하고 에스프레소보다 부드럽다.

콘 파나(con panna) 에스프레소에 휘핑크림을 얹었다. 마키아토와 비슷하지만 더 달다. 뜨거운 에스프레소 위에 휘핑 크림을 얹기가 쉽지 않아서, 커피를 만드는 종업원(바리스타)들이 껄끄러워하는 주문 중 하나이다. '타차 도로(tazza d'oro)'라고도 부른다.

카페 모카(caffe mocha) 카페라테에 초콜릿을 더한 것이라고 이해하면 쉽다. 우유를 증기로 뜨겁게 데우는 과정에서 코코아 가루를 넣어 섞어준 것이다.

카페 아메리카노(caffe americano) 에스프레소에 뜨거운 물을 더해 75-95㎖ 분량으로 만든 커피다. 미국인들이 많이 마셔온 묽은 커피 맛과 비슷하다고 해서 이 같은 이름이 붙었다. 그러나 미국의 커피가 드립 커피인 반면, 카페 아메리카노는 에스프레소 커피에 더운 물을 더했다는 차이가 있다. '에스프레소의 양을 늘렸다'는 뜻으로 '에스프레소 룽고(lungo)'라고 부르기도 한다.

에스프레소 로마노(romano) 에스프레소에 얇게 깎은 레몬 껍질 한 조각을 넣은 것을 말한다. 로마인들이 즐겨 마시는 방식의 커피라는 의미다.

리스트레토(ristretto) 에스프레소와 같은 분량의 커피가루를 사용하지만 물은 에스프레소의 절반인 25㎖로 줄여 강하고 진하게 뽑은 커피다.

코레토(correto) 에스프레소에 브랜디 등 강한 증류주를 첨가한 커피다. 이탈리아 북부에서는 와인을 만들고 남은 포도껍질로 만드는 투명한 증류주인 그라파(grappa)를 넣은 코레토로 아침 추위를 이겨내곤 한다.

에스프레소, 카푸치노 등 에스프레소를 기반으로 한 커피음료의 맛은 바리스타(barista)에게 절대적으로 의존한다. 바리스타는 이탈리아어로 바 안에서 음료를 만드는 사람이라는 의미이다. 바리스타는 에스프레소의 과학적 원리와 맛을 완벽하게 이해하고 있어야 한다. 예를 들어 에스프레소를 만들려면 원두가루를 수평이 되도록 단단하게 눌러줘야 한다. 이를 패킹

(packing)이라 하는데, 패킹이 13.6kgW/㎠쯤이어야 가루 사이에 틈이 생기지 않아 증기가 균일하게 통과하며, 이상적인 에스프레소가 만들어진다. 그러나 바리스타가 패킹을 너무 강하게 하거나 9kgW/㎠ 이하로 약하게 하면 균열이 발생, 이 틈으로 뜨거운 물이 스며들어 빛깔은 연하면서도 맛은 약한 에스프레소가 추출된다. 바리스타가 힘을 균등하게 배분하지 못해 패킹한 커피가 한쪽으로 기울었을 경우에도 마찬가지의 결과가 나온다.

또한 카푸치노, 카페라테 등을 만들려면 증기로 우유를 데워야 한다. 에스프레소 머신에 달려 있는 ㄱ자 모양의 금속 노즐을 시계방향으로 돌리면 증기가 나오는데, 바리스타는 이 증기를 이용해 우유를 데우고 커피에 얹을 우유거품을 낸다. 노즐은 스테인리스 주전자에 담긴 우유 표면 바로 밑에 위치해야 이상적이다. 그러나 바리스타가 노즐을 너무 깊이 담그면 우유는 뜨거워지지만 공기가 너무 많이 들어가 미세하고 촘촘한 우유거품이 만들어지지 않으며, 우유가 데어(burn) 노린내가 난다. 또 노즐을 너무 얕게 꽂을 경우에는 거품만 일어나고 우유가 데워지지 않는다.

이상은 바리스타의 역할에 대한 극히 단편적인 사례에 불과하다. 에스프레소 머신의 온도를 계절에 맞춰 조절하고, 커피원두를 선택하고, 어떤 시럽과 우유를 고르느냐 등 에스프레소에 관한 모든 결정이 바리스타에 의해 이루어진다. 뛰어난 바리스타는 이탈리아에서 스타로 추앙받기도 한다.

사회정의와 커피

국경을 넘어 미국으로 밀입국하려던 멕시코 커피 재배농민 6명이 2001년 5월 애리조나 사막의 따가운 뙤약볕 아래서 시체로 발견됐다. 2000년, 역시 애리조나 사막에서 사망한 멕시코 농민 14명 중 7명이 커피 재배농민이었다. 멕시코의 커피 재배농민들이 목숨을 걸고 미국으로 밀입국을 시도하고 있다. 커피를 재배해 봤자 수익이 남기는커녕 오히려 빚만 늘어나는 절박한 현실에서 내려진 불가피한 선택이다. 미국으로 밀입국할 수 있는 멕시코 커피 재배농민들은 아프리카, 아시아 커피 재배농민들보다 그나마 행복한 편일지도 모른다.

볶지 않은 초록색 커피원두(green bean)의 가격은 2003년 3월 28일 파운드당 48.90센트. 1파운드면 대략 450g으로 커피

140잔을 추출할 수 있는 분량이다. 48.90센트면 600원쯤이니까 한 잔의 커피를 뽑는 데 4원이 채 안 드는 셈이다. 30년 만에 최저 수준이다. 그동안의 물가 상승을 감안했을 때 현재 커피원두의 가격은 실질적으로 지난 100년을 통틀어 가장 낮은 수준인 것으로 국제커피기구(International Coffee Organization: ICO)는 추산하고 있다. 그나마 원두 가격이 바닥을 쳤던 2000년 파운드당 25센트에서 많이 오른 게 이 정도다. 1980년대 원두의 평균 가격은 파운드당 1달러 20센트였다.

커피 가격의 폭락은 수요와 공급의 불균형이 원인이다. 2001~2002년(10월~9월) 커피원두의 총생산량은 1억 1,300만 백(bag, 60kg). 여기에다 전세계 창고에 쌓여 있는 원두 재고는 4,000만 포대로 추산된다. 원두 생산은 연평균 3.6% 증가하는 반면, 커피 소비는 1.5% 성장하는 것에 불과하다. 그동안 커피 가격은 국제커피협정(ICA)을 통해 통제되어 왔다. 커피 생산국과 소비국이 사전 협의를 통해 생산국당 쿼터만을 수출하도록 하는 방식을 적용, 높되 안정적인 가격 유지라는 ICA 목적은 오랫동안 유지되었다. 원두 가격은 파운드당 1.20달러에서 1.40달러 내로 통제되었고, 이 범위를 코르셋이라고 부른다.

코르셋이 비대해진 커피 시장의 덩치에 맞지 않아 불편하다는 불만은 1989년 무렵부터 터져 나왔다. 새로운 원두 생산국들이 등장했고, 쿼터 외의 물량이 음성적으로 흘러나와 시장 질서를 흐트러뜨렸다. 같은 해 세계 최대의 커피 시장인 미국이 ICA에서의 탈퇴를 선언했다. 이제 ICA는 유명무실해졌다. 엎친 데 덮친 격으로 1994~1995년에는 최대의 커피 생산국 브라질이 서리로 인한 큰 피해를 입게 된 것이다. 커피 가격은 폭등했고 너도나도 커피 생산에 뛰어들었다. 베트남이 커피 수출시장에 뛰어든 것도 이즈음이다. 1990년 경제개방과 함께 베트남 정부는 농민들에게 지원금까지 쥐어주며 커피 생산을 권장했다. 10년 만인 2000년, 베트남은 1,500만 포대를 생산하며 세계 2위의 커피 생산국으로 올라섰다.

커피의 생산은 늘었지만, 소비는 정체했다. 세계 최대의 커피 시장 미국에서는 탄산음료가 커피의 지분을 빼앗고 있다. 미국 농무부는 1인당 탄산음료 소비는 1970년 23갤런에서 2000년 53갤런으로 2배 증가한 반면, 커피 소비는 같은 기간 36갤런에서 절반 이상 감소한 17갤런이라고 발표했다.

커피로 생계를 유지하는 제3세계 커피 재배농민들은 절박한 상황이다. 그러나 커피는 다년생 식물이라 영세 농가들이 재배식물을 전환하기가 쉽지 않다. 브라질과 같이 생산가격이 낮고 커피 재배기술이 발달한 나라의 농민들은 아직까지 커피로 생계를 유지하는 데 아직 문제가 없다. 그러나 커피가 전체 수출의 절반 이상을 차지하는 우간다를 포함한 아프리카, 아시아, 중남미 국가들은 최근 커피 가격의 폭락으로 인해 큰 어려움을 겪고 있다.

커피 가격의 폭락도 문제지만, 커피를 통해 발생하는 부(富)의 대부분이 생산자에게 돌아가지 않고 중간 유통업자와 최종 가공업자에게 돌아간다는 점도 커피 농가의 고통을 가중시키고 있다. 1990년대 초반 커피 생산 국가들이 수출을 통해 벌어들인 돈은 100-120억 달러(약 14조 4,000억 원), 커피의 소매가격은 300억 달러였다. 생산국들이 커피 수익의 3분의 1을 가져간 것이다. 2003년 현재 커피의 소매가는 700억 달러로 늘어났으나, 생산국들의 수입은 55억 달러로 오히려 줄어들었다. 수익의 10%가 채 못 되는 금액이다. 그러나 커피를 가공 판매하는 거대 다국적 기업들, 이른바 로스터들의 수익은 줄어들지 않고 있다. 세계 3대 로스터는 미국의 크래프트, 유럽의 네슬레, 미국의 프록터&갬블이다. 크래프트는 '맥스웰 하우스(Maxwell House)'로, 네슬레는 '네스카페(Nescafe)'로, 프록터&갬블은 '폴저스(Folgers)'라는 브랜드로 커피를 판매한다.

전세계 커피 판매의 절반을 차지하는 이들 기업은 수익이 늘었다. 커피원두의 가격이 폭락한 반면 커피제품의 판매가는 변함없기 때문이다. 일례로 네슬레는 인스턴트커피 부문에서 26%의 이익을 벌어들였다. 세계적 맥주업체 하이네켄이 17%, 프랑스 다농의 유제품 부분의 수익이 11%라는 점을 고려한다면 로스터들의 수익이 얼마나 큰지 짐작할 수 있다.

먹고 살기 어려워진 커피 재배농민들은 마약 재배의 유혹에도 쉽게 넘어가고 있다. 콜롬비아의 커피 재배지역에서는 이미 코카인의 원료인 코카를 재배하는 밭의 면적이 눈에 띄게 늘고 있다. 커피와 코카의 재배조건이 비슷하기 때문에 유혹은 더욱 크다. 환경파괴도 심각하다. 생산 증대를 위해 커피 나무를 이전보다 더욱 촘촘하게 심고, 더 많은 숲을 농장으로 개간하면서 토양이 황폐해지고 있다.

가격폭락은 커피의 품질 또한 떨어뜨린다. 3차례에 걸쳐 잘 익은 원두만 하나씩 손으로 골라 수확하던 방식보다는 인건비를 줄이기 위해 한꺼번에 수확하는 방식이 선호된다. 한꺼번에 한 그루에 매달린 원두를 모조리 따낸다고 해서 스트립-피킹(strip-picking)이라 불린다. 고급 아라비카 커피의 생산은 줄고, 품질이 떨어지는 로부스타 커피의 생산은 늘어났다. 1996~1997년 로부스타 35%, 아라비카 65%에서 2000~2001년에는 로부스타 40%, 아라비카 60%로 변했다. 아라비카는 로부스타보다 재배하기도 힘들고 병충해에도 약할 뿐만 아니라 재배비용도 훨씬 높기 때문이다.

네슬레는 최근 원두가격의 폭락으로 양질의 원두를 구입하기가 더욱 어려워졌다고 하소연한다. 그러나 로스터들은 여러 지역에서 생산된 커피원두를 섞는 이른바 블렌딩(blending) 기법으로 자사만의 맛을 유지한다. 원두 처리기술도 발전을 거듭했다. 형편없는 원두도 증기로 찌면 쓴맛이 상당히 완화된다. 로스터들은 질이 떨어질지라도 더욱더 값싼 원두를 찾고 있다. 새라 리를 제외한 4대 로스터 제품의 로부스타 비율은 지난 5년 사이 35%에서 40%로 늘어났다.

커피를 마시기 위한 과정에서 굶어죽은 사람이 생겨나고 환경이 파괴되자, 환경보호단체와 사회단체들이 커피 잔을 들여다보기 시작했다. 커피 소비운동을 통해 정당한 수익을 제3세계 농민들에게 돌려주는 등 사회정의 실현과 환경 보전이

가능하다는 생각에서다. 이러한 커피는 올바른 목적을 가진 커피라는 의미에서 목적 커피(cause coffee)라고 부르기도 하지만, 제값을 치르고 거래한다는 뜻의 공정거래 커피라는 명칭이 일반적으로 사용되고 있다.

공정거래 커피는 한국에서도 큰 인기를 끌고 있는 테이크아웃 커피 체인점들을 중심으로 이루어지고 있다. 고급 아라비카 커피가 소비되는 곳이 바로 이곳이기 때문이다. 세계 최대 테이크아웃 커피업체인 스타벅스는 최저생계임금을 인부들에게 지불하고, 숲을 파괴하지 않고 재배한 커피 등 사회·환경 가이드라인에 부합하는 방식으로 생산한 커피만을 구입한다. 또한 전체 원두의 74%는 장기 고정가에 구입, 농가들이 안심하고 커피를 재배할 수 있도록 보장하고 있다.

이러한 움직임과 함께 커피업계에 새롭게 등장한 용어들이 있다. 공정거래 커피, 그늘재배 커피, 유기농법 커피, 생계유지 커피, 인증 커피 등이 그것이다. 공정거래(fair trade) 커피는 국제 공정거래 규정을 지켜가며 재배하고 거래한 커피원두로 만든 커피를 말한다. 급여가 낮은 아동 노동력을 사용하지 않았으며, 적정 가격을 지불하고 커피원두를 구입한다는 등의 국제 규정을 준수했다고 확인한 커피원두라는 의미이다. 유기(organic) 커피는 별다른 설명이 필요 없을 것이다. 화학 살충제를 쓰지 않고 재배한 커피를 가리킨다.

그늘재배(shade-grown) 커피는 열대우림을 보호하기 위해 나무를 베어내지 않고, 나무 사이에 커피나무를 심은 뒤 그늘에서 자란 커피나무에서 수확한 원두로 끓인 커피이다. 생계유지(sustainable) 커피는 재배농가가 생계를 유지할 수 있도록 최저가격을 보장해 주고 있다는 뜻이다. 그리고 인증(certified) 커피는 공정거래, 유기농법, 그늘재배 등의 기준을 지켰음을 인정해 주는 기관 또는 단체로부터 인증 받은 커피를 말한다.

다행히도 미국과 유럽의 소비자들이 이들 단체의 주장에 공감하고 행동에 나섰다. 미국 일간지 「USA투데이」는 2001년 공정거래 커피가 점점 더 인기를 끌고 있다고 전했다. 이 신문은 최저생계비를 지불하고 커피를 구입했음을 인증해 주는 트랜스-페어(Trans-Fair)라는 미국 단체의 말을 인용, 공정거래 커피의 소비량이 1999년 200만 파운드에서 2000년에는 2배가 넘는 430만 파운드로 증가했으며, 2001년에는 900만 수준에 달할 것이라고 보도했다.

세계적인 구호단체 옥스팜(Oxfam)은 공정거래 커피 판매량이 2001년 12% 늘어났는데, 이는 전체 커피 판매 성장률 1.5%와는 비교할 수도 없을 만큼 높은 수준이라고 전했다. 거대 로스터들도 제3세계 농민을 착취하는 악덕기업이라는 이미지를 피하기 위해 공정거래 커피의 비중을 다소 높이고 있다. 그러나 옥스팜은 공정거래 커피가 궁극적인 대안은 될 수 없다고 지적했다. 공정거래 커피의 주종을 이루는 고급 아라비카 원두가 전체 커피 시장의 작은 부분이기 때문에 대다수 로부스타 재배농민들에게는 혜택이 돌아가지 않는다. 그렇다고 아라비카 재배에 너도나도 뛰어든다면, 아라비카 원두의 가격 역시 폭락할 것이라는 논리다.

왜곡된 커피 시장의 정상화를 위한 궁극적 방법은 무엇일까? 옥스팜은 500백만 백(bag)으로 추산되는 전세계 커피 재고를 모두 없애버리는 동시에, ICO가 2002년 제안한 커피품질개선프로그램(CQP)에 미치지 못하는 커피원두의 수출을 막음으로써 수요와 공급의 균형을 바로잡을 수 있으며 커피원두의 품질도 향상시킬 수 있다고 주장하고 있다.

옥스팜은 엄청난 양의 커피 재고를 처분하는 데 소요될 것으로 예상되는 1억 달러의 재원을 부유한 소비국들과 로스터들이 지원해야 한다면서, 이들이 사회정의 실현에 적극 동참할 것을 요구하고 있다. 옥스팜은 이들의 행동을 이끌어내려면 소비자들이 나서서 수퍼마켓이건 커피숍에서건 공정거래 커피를 요구하고 구매해야 한다고 촉구했다. 거대 기업들과 정부가 가장 무서워하는 존재는 결국 소비자이기 때문이다. 커피의 맛뿐만 아니라 커피를 재배하는 사람들의 땀, 커피 생산을 위해 희생되는 환경에 대해서도 한 모금쯤 음미해 보는 것이 어떨까.

커피, 편견의 억울한 희생자

최근 들어 커피가 건강에 해롭다는 오해를 받게 된 것은 아이러니라고 할 수 있다. 처음에 커피는 의약품으로 이용되다가 오늘날처럼 음료로 정착했기 때문이다. 커피를 처음 마시기 시작한 예멘을 비롯한 이슬람 세계에서 커피는 종교의식 또는 의학과 깊은 상관관계를 맺으며 확산됐다. 커피는 담석, 통풍, 천연두, 홍역, 기침 등 놀랄 만큼 다양한 질병에 대한 치료제로 처방되었다. 오스만 제국의 주인이던 터키인들은 커피의 약효를 확신했던 것으로 보인다.

오스만 제국의 수도 콘스탄티노플(현재 터키의 이스탄불)을 방문한 영국의 헨리 블런트 경은 친구에게 보낸 편지에서 다음과 같이 설명했다. "이들은 (커피가) 잘못된 식습관, 눅눅한

잠자리 등으로 인해 발생하는 각종 질병들로부터 자신들을 해방시켜 준다고 알고 있다. 이들은 코파(coffa; 당시 커피를 지칭하던 단어)를 아침저녁으로 상음한다. 이들 노인들은 무기력을 모르며, 어린이들은 구루병을 모르며, 단 아이를 가진 여성들이 커피를 마시는 데 대해서만은 약간의 논쟁이 있다. 이들은 특히 커피가 담석과 통풍 예방에 특효약이라고 믿고 있다."
17세기 유럽의 의학자, 화학자, 약초학자들도 커피를 몸에 이로운 약으로 여겼으며, 또 그렇게 일반인들에게 소개했다. 이러한 인식은 '지옥처럼 새까맣고 쓰기 이를 데 없는 이슬람 이교도들의 음료'인 커피가 독실한 기독교 신자들의 대륙 유럽에서 거부감 없이 받아들여지는 데 크게 기여했다.

17세기 베네치아에서 활동했던 의학자 프로스페르 알피누스는 자신의 의학서적에서 "(커피)는 생리 주기가 불규칙하거나 생리통으로 고생하는 여성들에게 특효가 있다"고 적었다. 18세기 독일 의학자인 크리스찬 하네만도 "커피는 의약품"이라고 인정했다. 그러나 하네만이 "담배를 처음 피우면서 역겹다고 느끼지 않을 사람은 없다. (이와 마찬가지로) 건강한 입맛을 가진 이라면 커피를 처음 마시면서 먹을 만하다고 느끼지는 못한다. 설탕을 넣지 않았다면 말이다"라고 덧붙인 구절을 보면 커피를 그리 맛있거나 향기로운 음료로는 보지 않았고, 단지 건강에 좋은 약초쯤으로 여긴 것 같다.

2세기 로마시대 소아시아의 고대 도시 페르가뭄에서 활동한 클라디우스 갈렌(Galen)의 이론을 추종하는 의사들은 사람의 체질에 맞춰 커피를 처방했다. 1,500여 년간 "의사들의 왕자(Prince of Physicians)"라 불리며 절대적 권위를 인정받았던 갈렌은 인체가 4가지 액체, 즉 노란 담즙, 검은 담즙, 점액, 붉은 피로 구성되었다고 보았다. 그는 이 4가지 액체가 각각 뜨겁거나 차가우며, 촉촉하거나 물기가 있는 등 온도와 습기라는 2가지 물리적 성질을 갖고 있다고 생각했다.

그는 이들 액체의 균형이 깨질 때 병에 걸리거나 건강에 이상이 생기는 것이므로 넘치거나 모자라는 부분의 균형을 맞춰줄 수 있는 약품을 처방하면 질병을 고칠 수 있다고 주장했다. 음(陰)과 양(陽)의 조화가 깨진 상태를 병으로 인식하는 동양의 한의학, 그 중에서도 사람을 4가지 체질로 분류하는 우리나라의 사상의학과 여러 가지로 비슷하다. 문제는 이들 갈렌파 의학자들이 커피의 성질에 대해 엇갈리는 주장을 내놨다는 것이다. 일부에서는 커피가 차갑고 건조하다고 봤지만, 다른 한쪽에서는 뜨겁고 건조하다고 주장했다. 커피과육과 원두가 서로 성질이 다르다는 주장과 같다는 주장도 대립했다.

1663년 영국에서 발간된 책자는 당시 의학자들이 커피에 대해 가졌던 서로 다른 견해들을 보여준다. '의사들이 포기했지만 커피에 의해 고쳐진 사람들'이란 제목의 책자는 다음과 같은 믿기 어려운 '사실'을 소개하고 있다. "(역시 네덜란드) 로테르담에 사는 안네 마리네(Marine)는 윗입술에 난 커다란 종기(corn)로 고민했다. 수술로 잘라내면 종기는 오히려 커졌다. 그녀는 최후의 수단으로 커피를 마셨다. 그러자 종기는 (마치

마술처럼) 입술에서 분리돼 입술 아래 받쳐 들고 있던 접시 위로 떨어졌다."

이 책자는 동시에 커피의 부작용을 보여주는 사례도 말하고 있다. "(네덜란드) 라이덴(Layden)에 거주하는 벤저민 배드-콕(Bad-cock)은 매일 커피를 마셨다. 배드-콕의 아내는 4년간 아이를 갖지 못했다. 어느 날 배드-콕이 커피를 끊자 9개월이 채 안 돼 아내가 건강한 사내아이를 낳았다." '콕'은 남성의 성기를 지칭하는 속어이므로, 배드-콕이란 생식 기능이 좋지 못한 남성을 의미한다. 그런데 이 '시원찮던' 남자가 커피 마시기를 그만두자 성적 기능이 되살아났다는 주장이다.

커피를 마시는 습관이 확산되면서 커피의 효능에 보다 진지하게 접근하는 의학자들이 늘어났다. 프랑스의 라루스 백과사전은 커피가 지식인, 군인, 선원에게 좋을 뿐만 아니라 더운 날씨에 야외에서 일하는 노동자들에게도 도움이 된다고 말했다. 손튼이라는 영국 의사는 "커피 한 잔은 우리의 정신과 육체를 강하고 활기차게 해준다. 정신적으로나 육체적으로나 이보다 우리를 더 새롭고 활기차게 해주는 것은 없다"고 칭송했다.

동시에 커피가 건강에 해롭다는 주장도 제기됐다. 커피의 가장 신랄한 비판자 중 하나였던 이탈리아 의학자 시니발디(Sinibaldi)는 "우리(유럽인)가 아시아 및 신세계와 시작한 상거래는 천연두를 포함한 여러 질병과 함께 (커피라는) 새로운 음료를 가져왔다. 이 새로운 음료는 신경쇠약을 일으키고, 위액의 변화를 가져오며, 사지가 떨리는 경련, 중풍을 유발한다"고 주장했다. 그러나 커피가 건강에 좋지 않다는 인식이 일반적으로 확산된 것은 비교적 최근의 일이다. 과다한 카페인 섭취가 인체에 해로우며, 커피가 많은 양의 카페인을 함유하고 있음이 밝혀진 후부터였다.

'C8h1002N4'라는 화학기호를 가진 카페인은 약한 흰색을 띠고 맛이 쓴 알칼로이드다. 그러나 그 흰색과 쓴맛이 매우 약해서 일반적으로 카페인은 무색무취하다고 말한다. 커피원두의 2-3%가 카페인으로 이루어져 있다. 커피 한 잔에는 일반적으로 60-90㎎의 카페인이 녹아 있다. 값싼 로부스타 커피는 고급 아라비카보다 카페인 함유량이 더 많다. 카페인 하면 커피를 연상할 만큼 커피는 카페인과 밀접하게 연관 지워진다. 커피로서는 억울한 일이다. 차, 코코아, 콜라 등 60여 가지 식물과 이를 이용한 녹차, 홍차, 코코아, 초콜릿, 콜라 등의 음료에도 상당량의 카페인이 함유되어 있기 때문이다.

카페인은 중앙신경계와 대뇌 혈액순환에 영향을 미치는 흥분제로, 인체의 활력을 높여주는 한편 두통을 감소시키는 효과가 있어서 두통 및 감기약에 두루 포함된다. 소변이 잘 나오도록 하는 이뇨효과, 정신을 맑게 하는 각성효과 및 집중력을 향상시켜 주는 효과도 지녔다. 그러나 카페인에 숙취 해소효과가 있다는 것은 잘못된 믿음이다. 알코올이라는 화학물질로 엉망이 된 위장에 카페인이라는 또 다른 화학물질이 더해져 오히려 상태가 악화될 수도 있다.

카페인은 과연 건강에 해로울까. 일반적으로 과다한 카페인을 섭취하는 것은 건강에 해롭다고 알려져 있다. 그러나 과연 얼마만큼의 카페인이 '과다한'지에 대해서는 의견이 분분하다. 커피 한 모금만 마셔도 불면증으로 고생하는 사람이 있는가 하면, 커피를 마시고 잠자리에 드는 사람도 있으니 말이다. 혹자는 커피를 마시면 속이 쓰리다면서 이러한 속쓰림의 주범으로 카페인을 의심한다. 그러나 커피를 마신 후 속이 쓰리다면 이는 커피의 산(酸) 성분 때문이다. 따라서 카페인을 제거한 디카페인 커피를 마신다고 해서 속쓰림이 사라지지는 않는다. 커피를 마시고 속이 쓰린 사람들을 위해 산을 중화시킨 커피가 개발되었으나, 이러한 커피는 맛이 떨어진다. 산성은 커피, 특히 아라비카 커피의 풍미와 밀접하게 연관돼 있으며, 산을 중화시키는 과정에서 풍미가 손상될 수 있다.

카페인에 대한 불신이 확산되면서 카페인을 제거한 디카페인 커피가 1903년 독일에서 처음 개발되었다. 독일의 커피 수입업자 루드비히 로셀리우스(Roselius)가 자신이 수입한 배 한 척 분량의 커피원두를 몽땅 연구 목적으로 기증한 것이 계기가 되었다. 로셀리우스가 커피원두를 기여한 것은 그가 인류에게 기여하겠다는 거창한 이상을 가진 사람이기 때문은 절대 아니었다. 로셀리우스의 배가 대서양을 건너다 폭풍을 만났고, 커피원두가 모두 바닷물에 젖어 판매할 수 없게 되자 '어차피 버린 물건'을 기증한 것이다. 연구기관에서는 삼염화에틸렌이라는 화학물질을 이용해 커피원두에서 카페인을 제거하는 공정을 개발했다. 로셀리우스는 1903년 이 공정에 대한 특허를

취득했다. 그러나 이후 삼염화에틸렌이 간암을 유발하는 것으로 동물 실험 결과 밝혀지면서 디카페인 커피는 된서리를 맞았다. 로셀리우스는 삼염화에틸렌을 보다 약한 메틸렌염화물로 대체했지만, 실험 결과 메틸렌염화물 역시 암 유발 물질로 밝혀지면서 판로가 막혔다.

존폐의 위기에 처했던 디카페인 커피는 극적인 회생의 계기를 얻는다. 화학적 처리 대신 물을 이용해 카페인을 제거하는 물처리공정이 1930년대에 개발된 것이다. 이 공정은 스위스에서 개발됐기 때문에 흔히 '스위스 워터 프로세스(Swiss Water Process)'라고 불린다. 물처리공정은 물로 커피원두에 있는 카페인 성분을 씻어낸 후, 물에 남은 카페인을 숯으로 완전히 제거한다. 그러나 디카페인 커피라고 해도 카페인이 완전히 제거된 것은 아니며, 2-6㎎의 카페인이 여전히 남아 있다.

디카페인 커피의 인기가 급상승한 것은 1980년대 카페인이 건강에 해롭다는 인식이, 특히 미국을 중심으로 급속히 확산되면서부터이다. 1980년대 이후 디카페인 커피의 맛과 향이 급속히 향상됐고, 주요 커피업체들도 디카페인 커피를 내놓기 시작했다. 흥미로운 점은 오늘날 커피 제조업체들이 디카페인 커피를 만들 때 사용하는 물처리공정이 1930년대 처음 개발된 공정과 별다른 차이가 없다는 것이다. 그렇다면 디카페인 커피의 맛이 몰라보게 좋아진 까닭은 무엇일까.

전문가들은 그 이유를 디카페인 시장이 형성됐기 때문이라고 보고 있다. 1980년대 중반까지만 해도 극히 일부 소비자만이 디카페인 커피를 찾았다. 커피업자들은 시장 규모가 작은 디카페인 커피를 만드는 데 고급 원두를 사용하지 않았다. 그러나 건강에 대한 관심이 급증하면서 미국의 경우 1987년 디카페인 커피가 전체 커피 판매에서 차지하는 비중이 25%까지 늘어났다. 시장이 커지자 커피업체들은 좋은 원두를 디카페인 커피용으로 사용했고, 시장이 늘어날수록 디카페인 커피의 품질도 개선되었다.

커피는 카페인 이외에도 건강에 해로운 다른 물질들을 함유하고 있을까. 많은 이들은 커피가 암 또는 심장병에 악영향을 미친다고 믿는다. 그러나 지난 수십 년간의 연구에도 불구하고 커피가 이러한 질환과 연결됐다는 결과는 아직 나오지 않고 있다. 심지어 카페인이 고혈압을 일으킨다는 증거도 발견되지 않았다. 커피가 콜레스테롤 수치를 높인다는 의혹도 우리가 일반적으로 마시는 커피에는 적용되지 않는다는 실험 결과도 나왔다. 터키식 커피처럼 커피가루를 물에 넣어 끓인 후 걸러내지 않고 마실 때에만 콜레스테롤이 높아질 수 있다고 한다. 그러나 카페인의 과다한 섭취가 몸에 좋지 않다는 데에는 모든 의학자들이 동의하고 있다. 자신에게 적절한 만큼의 카페인이 어느 정도인지 파악한 후 커피를 마시는 습관이 필요하다.

카페인에 대한 또 다른 오해 또는 편견은 카페인을 제거하면 커피의 맛과 향이 떨어진다는 믿음이다. 그러나 이는 사실과 다르다. 영국 런던에 본부를 둔 국제커피기구(ICO)는 케냐, 콜롬비아, 브라질 등 다양한 원산지의 커피원두를 이용해 디카페인 커피를 만들었다. 그리고 전문 감별사들에게 이들 디카페인 커피와 일반 커피를 맛보게 했다. 놀랍게도 감별사들은 디카페인과 일반 커피를 구분하지 못했다. 더욱 흥미로운 사실은 감별사들에게 '더 선호하는 커피를 고르라'고 하자, 대부분 일반 커피보다 디카페인 커피를 선택했다는 점이다.

그래도 왠지 디카페인보다는 일반 커피가 낫다는 편견에서 벗어날 수 없다면? 희소식이 있다. 일본 나라(奈羅)첨단과학기술대학원 연구팀은 2003년 유전자 변형기술을 이용, 카페인 함유량을 70% 정도 줄인 커피 모종(某種)을 재배하는 데 성공했다. 물처리공정 등을 통해 카페인을 제거하지 않아도 자연적으로 카페인이 적은 커피를 마실 수 있게 된 것이다.

연구팀은 커피 세포 내에서 카페인 생성 촉진 효소를 만드는 유전자의 염기서열을 해독, 'RNA 간섭'이라고 불리는 기술로 이 유전자의 움직임을 억제한 커피 모종을 개발한 것이다. 이 커피 모종에서 자라난 잎에 함유된 카페인의 양은 일반 커피나무의 잎보다 70% 정도 적었고, 4~5년 후 맺게 되는 커피원두에서도 같은 수치의 카페인을 나타내게 될 것이라고 연구팀은 설명했다. 디카페인 처리공정을 거치지 않아도 되기 때문에 지금보다 싼값의 디카페인 커피 생산도 가능하다고 연구팀은 덧붙였다.

참고문헌

마귈론 투생-시마, 이덕환 옮김, 『먹거리의 역사』(전2권), 까치, 2002.

스티븐 브라운, 박웅희 옮김, 『한 잔의 유혹』, 들녘, 2001.

쓰지하라 야스오, 이정환 옮김, 『음식, 그 상식을 뒤엎는 역사』, 창해, 2002.

알랭 스텔라, 강현주 옮김, 『커피』, 창해, 2000.

이규태, 『개화백경』, 신태양사, 1971.

이상옥(李相玉), 『한국의 역사-민중의 풍속』, 하서출판사, 1974.

이영민, 『커피 트레이닝』, (주)아이비라인, 2002.

하인리히 에두아르트 야콥, 박은영 옮김, 『커피의 역사』, 우물이 있는 집, 2002.

한복진, 『우리생활 100년-음식』, 현암사, 2001.

Corby Kummer, *The Joy of Coffee*, Haughton Miffin Company, 1997.

Hattie Ellis, *Coffee*, Ryland Peters & Small, 2002.

Karl Petzke, Sara Slavin, *Espresso*, Chronicle Books, 1994.

Nestle, *Low Coffee Prices: Causes and Potential Solutions*, 2002.

Oxfam, *Mugged: Poverty in Your Coffee Cup*, 2002.

Sarah Perry, *The New Complete Coffee Book*, Chronicle Books, 2001.

국제커피기구 http://www.ico.org

세계은행 http://www.worldbank.org

스타벅스 http://www.starbucks.com

Swiss Water Decaffeinated Company Inc. http://www.swisswater.com

프랑스엔 〈크세주〉, 일본엔 〈이와나미 문고〉,
한국에는 〈살림지식총서〉가 있습니다.

전자책 | 큰글자 | 오디오북

001 미국의 좌파와 우파 | 이주영 📖🔍
002 미국의 정체성 | 김형인 📖🔍
003 마이너리티 역사 | 손영호 📖
004 두 얼굴을 가진 하나님 | 김형인 📖
005 MD | 정욱식 📖🔍
006 반미 | 김진웅 📖
007 영화로 보는 미국 | 김성곤 📖🔍
008 미국 뒤집어보기 | 장석정
009 미국 문화지도 | 장석정
010 미국 메모랜덤 | 최성일
011 위대한 어머니 여신 | 장영란 📖🔍
012 변신이야기 | 김선자 📖
013 인도신화의 계보 | 류경희 📖🔍
014 축제인류학 | 류정아
015 오리엔탈리즘의 역사 | 정진농 📖🔍
016 이슬람 문화 | 이희수 📖🔍
017 살롱문화 | 서정복 📖
018 추리소설의 세계 | 정규웅 🔍
019 애니메이션의 장르와 역사 | 이용배 📖
020 문신의 역사 | 조현설
021 색채의 상징, 색채의 심리 | 박영수 📖🔍
022 인체의 신비 | 이성주 📖🔍
023 생물학무기 | 배우철 📖
024 이 땅에서 우리말로 철학하기 | 이기상
025 중세는 정말 암흑기였나 | 이경재 📖🔍
026 미셸 푸코 | 양운덕 📖🔍
027 포스트모더니즘에 대한 성찰 | 신승환 📖
028 조폭의 계보 | 방성수
029 성스러움과 폭력 | 류성민 📖
030 성상 파괴주의와 성상 옹호주의 | 진형준 📖
031 UFO학 | 성시정
032 최면의 세계 | 설기문 📖
033 천문학 탐구자들 | 이면우
034 블랙홀 | 이충환 📖
035 법의학의 세계 | 이윤성 📖🔍
036 양자 컴퓨터 | 이순칠 📖
037 마피아의 계보 | 안혁 📖🔍
038 헬레니즘 | 윤진 📖
039 유대인 | 정성호 📖🔍
040 M. 엘리아데 | 정진홍 📖🔍
041 한국교회의 역사 | 서정민 📖🔍
042 야훼와 바알 | 김남일 📖
043 캐리커처의 역사 | 박창석
044 한국 액션영화 | 오승욱 📖
045 한국 문예영화 이야기 | 김남석 📖
046 포켓몬 마스터 되기 | 김윤아

047 판타지 | 송태현 📖
048 르 몽드 | 최연구 📖
049 그리스 사유의 기원 | 김재홍 📖
050 영혼론 입문 | 이정우
051 알베르 카뮈 | 유기환 📖
052 프란츠 카프카 | 편영수 📖
053 버지니아 울프 | 김희정 📖
054 재즈 | 최규용 📖🔍
055 뉴에이지 음악 | 양한수 📖
056 중국의 고구려사 왜곡 | 최광식 📖🔍
057 중국의 정체성 | 강준영 📖🔍
058 중국의 문화코드 | 강진석
059 중국사상의 뿌리 | 장현근 📖🔍
060 화교 | 정성호
061 중국인의 금기 | 장범성 📖
062 무협 | 문현선 📖
063 중국영화 이야기 | 임대근 📖
064 경극 | 송철규 📖
065 중국적 사유의 원형 | 박정근 📖🔍
066 수도원의 역사 | 최형걸 📖
067 현대 신학 이야기 | 박만 📖
068 요가 | 류경희 📖🔍
069 성공학의 역사 | 정해윤 📖
070 진정한 프로는 변화가 즐겁다 | 김학선 📖🔍
071 외국인 직접투자 | 송의달
072 지식의 성장 | 이한구 📖
073 사랑의 철학 | 이정은 📖
074 유교문화와 여성 | 김미영 📖
075 매체 정보란 무엇인가 | 구연상 📖🔍
076 피에르 부르디외와 한국사회 | 홍성민 📖
077 21세기 한국의 문화혁명 | 이정덕 📖
078 사건으로 보는 한국의 정치변동 | 양길현 📖🔍
079 미국을 만든 사상들 | 정경희 📖🔍
080 한반도 시나리오 | 정욱식 📖🔍
081 미국인의 발견 | 우수근 📖
082 미국의 거장들 | 김홍국 📖
083 법으로 보는 미국 | 채동배
084 미국 여성사 | 이창신 📖
085 책과 세계 | 강유원 🔍
086 유럽왕실의 탄생 | 김현수 📖🔍
087 박물관의 탄생 | 전진성 📖
088 절대왕정의 탄생 | 임승휘 📖🔍
089 커피 이야기 | 김성윤 📖🔍
090 축구의 문화사 | 이은호
091 세기의 사랑 이야기 | 안재필 📖🔍
092 반연극의 계보와 미학 | 임준서 📖

- 093 한국의 연출가들 | 김남석
- 094 동아시아의 공연예술 | 서연호
- 095 사이코드라마 | 김정일
- 096 철학으로 보는 문화 | 신응철
- 097 장 폴 사르트르 | 변광배
- 098 프랑스 문화와 상상력 | 박기현
- 099 아브라함의 종교 | 공일주
- 100 여행 이야기 | 이진홍
- 101 아테네 | 장영란
- 102 로마 | 한형곤
- 103 이스탄불 | 이희수
- 104 예루살렘 | 최창모
- 105 상트 페테르부르크 | 방일권
- 106 하이델베르크 | 곽병휴
- 107 파리 | 김복래
- 108 바르샤바 | 최건영
- 109 부에노스아이레스 | 고부안
- 110 멕시코 시티 | 정혜주
- 111 나이로비 | 양철준
- 112 고대 올림픽의 세계 | 김복희
- 113 종교와 스포츠 | 이창익
- 114 그리스 미술 이야기 | 노성두
- 115 그리스 문명 | 최혜영
- 116 그리스와 로마 | 김덕수
- 117 알렉산드로스 | 조현미
- 118 고대 그리스의 시인들 | 김헌
- 119 올림픽의 숨은 이야기 | 장원재
- 120 장르 만화의 세계 | 박인하
- 121 성공의 길은 내 안에 있다 | 이숙영
- 122 모든 것을 고객중심으로 바꿔라 | 안상헌
- 123 중세와 토마스 아퀴나스 | 박주영
- 124 우주 개발의 숨은 이야기 | 정홍철
- 125 나노 | 이영희
- 126 초끈이론 | 박재모·현승준
- 127 안토니 가우디 | 손세관
- 128 프랭크 로이드 라이트 | 서수경
- 129 프랭크 게리 | 이일형
- 130 리차드 마이어 | 이성훈
- 131 안도 다다오 | 임채진
- 132 색의 유혹 | 오수연
- 133 고객을 사로잡는 디자인 혁신 | 신언모
- 134 양주 이야기 | 김준철
- 135 주역과 운명 | 심의용
- 136 학계의 금기를 찾아서 | 강성민
- 137 미·중·일 새로운 패권전략 | 우수근
- 138 세계지도의 역사와 한반도의 발견 | 김상근
- 139 신용하 교수의 독도 이야기 | 신용하
- 140 간도는 누구의 땅인가 | 이성환
- 141 말리노프스키의 문화인류학 | 김용환
- 142 크리스마스 | 이영제
- 143 바로크 | 신정아
- 144 페르시아 문화 | 신규섭
- 145 패션과 명품 | 이재진
- 146 프랑켄슈타인 | 장정희
- 147 뱀파이어 연대기 | 한혜원
- 148 위대한 힙합 아티스트 | 김정훈
- 149 살사 | 최명호
- 150 모던 걸, 여우 목도리를 버려라 | 김주리
- 151 누가 하이카라 여성을 데리고 사누 | 김미지
- 152 스위트 홈의 기원 | 백지혜
- 153 대중적 감수성의 탄생 | 강심호
- 154 에로 그로 넌센스 | 소래섭
- 155 소리가 만들어낸 근대의 풍경 | 이승원
- 156 서울은 어떻게 계획되었는가 | 염복규
- 157 부엌의 문화사 | 함한희
- 158 칸트 | 최인숙
- 159 사람은 왜 인정받고 싶어하나 | 이정은
- 160 지중해학 | 박상진
- 161 동북아시아 비핵지대 | 이삼성 외
- 162 서양 배우의 역사 | 김정수
- 163 20세기의 위대한 연극인들 | 김미혜
- 164 영화음악 | 박신영
- 165 한국독립영화 | 김수남
- 166 영화와 샤머니즘 | 이종승
- 167 영화로 보는 불륜의 사회학 | 황혜진
- 168 J.D. 샐린저와 호밀밭의 파수꾼 | 김성곤
- 169 허브 이야기 | 조태동·송진희
- 170 프로레슬링 | 성민수
- 171 프랑크푸르트 | 이기식
- 172 바그다드 | 이동은
- 173 아테네인, 스파르타인 | 윤진
- 174 정치의 원형을 찾아서 | 최자영
- 175 소르본 대학 | 서정복
- 176 테마로 보는 서양미술 | 권용준
- 177 칼 마르크스 | 박영균
- 178 허버트 마르쿠제 | 손철성
- 179 안토니오 그람시 | 김현우
- 180 안토니오 네그리 | 윤수종
- 181 박이문의 문학과 철학 이야기 | 박이문
- 182 상상력과 가스통 바슐라르 | 홍명희
- 183 인간복제의 시대가 온다 | 김홍재
- 184 수소 혁명의 시대 | 김미선
- 185 로봇 이야기 | 김문상
- 186 일본의 정체성 | 김필동
- 187 일본의 서양문화 수용사 | 정하미
- 188 번역과 일본의 근대 | 최경옥
- 189 전쟁국가 일본 | 이성환
- 190 한국과 일본 | 하우봉
- 191 일본 누드 문화사 | 최유경
- 192 주신구라 | 이준섭
- 193 일본의 신사 | 박규태
- 194 미야자키 하야오 | 김윤아
- 195 애니메이션으로 보는 일본 | 박규태
- 196 디지털 에듀테인먼트 스토리텔링 | 강심호
- 197 디지털 애니메이션 스토리텔링 | 배주영
- 198 디지털 게임의 미학 | 전경란
- 199 디지털 게임 스토리텔링 | 한혜원
- 200 한국형 디지털 스토리텔링 | 이인화

- 201 디지털 게임, 상상력의 새로운 영토 | 이정엽
- 202 프로이트와 종교 | 권수영
- 203 영화로 보는 태평양전쟁 | 이동훈
- 204 소리의 문화사 | 김토일
- 205 극장의 역사 | 임종엽
- 206 뮤지엄건축 | 서상우
- 207 한옥 | 박명덕
- 208 한국만화사 산책 | 손상익
- 209 만화 속 백수 이야기 | 김성훈
- 210 코믹스 만화의 세계 | 박석환
- 211 북한만화의 이해 | 김성훈·박소현
- 212 북한 애니메이션 | 이대연·김경임
- 213 만화로 보는 미국 | 김기홍
- 214 미생물의 세계 | 이재열
- 215 빛과 색 | 변종철
- 216 인공위성 | 장영근
- 217 문화콘텐츠란 무엇인가 | 최연구
- 218 고대 근동의 신화와 종교 | 강성열
- 219 신비주의 | 금인숙
- 220 십자군, 성전과 약탈의 역사 | 진원숙
- 221 종교개혁 이야기 | 이성덕
- 222 자살 | 이진홍
- 223 성, 그 억압과 진보의 역사 | 윤가현
- 224 아파트의 문화사 | 박철수
- 225 권오길 교수가 들려주는 생물의 섹스 이야기 | 권오길
- 226 동물행동학 | 임신재
- 227 한국 축구 발전사 | 김성원
- 228 월드컵의 위대한 전설들 | 서준형
- 229 월드컵의 강국들 | 심재희
- 230 스포츠마케팅의 세계 | 박찬혁
- 231 일본의 이중권력, 쇼군과 천황 | 다카시로 고이치
- 232 일본의 사소설 | 안영희
- 233 글로벌 매너 | 박한표
- 234 성공하는 중국 진출 가이드북 | 우수근
- 235 20대의 정체성 | 정성호
- 236 중년의 사회학 | 정성호
- 237 인권 | 차병직
- 238 헌법재판 이야기 | 오호택
- 239 프라하 | 김규진
- 240 부다페스트 | 김성진
- 241 보스턴 | 황선희
- 242 돈황 | 전인초
- 243 보들레르 | 이건수
- 244 돈 후안 | 정동섭
- 245 사르트르 참여문학론 | 변광배
- 246 문체론 | 이종오
- 247 올더스 헉슬리 | 김효원
- 248 탈식민주의에 대한 성찰 | 박종성
- 249 서양 무기의 역사 | 이내주
- 250 백화점의 문화사 | 김인호
- 251 초콜릿 이야기 | 정한진
- 252 향신료 이야기 | 정한진
- 253 프랑스 미식 기행 | 심순철
- 254 음식 이야기 | 윤진아
- 255 비틀스 | 고영탁
- 256 현대시와 불교 | 오세영
- 257 불교의 선악론 | 안옥선
- 258 질병의 사회사 | 신규환
- 259 와인의 문화사 | 고형욱
- 260 와인, 어떻게 즐길까 | 김준철
- 261 노블레스 오블리주 | 예종석
- 262 미국인의 탄생 | 김진웅
- 263 기독교의 교파 | 남병두
- 264 플로티노스 | 조규홍
- 265 아우구스티누스 | 박경숙
- 266 안셀무스 | 김영철
- 267 중국 종교의 역사 | 박종우
- 268 인도의 신화와 종교 | 정광흠
- 269 이라크의 역사 | 공일주
- 270 르 코르뷔지에 | 이관석
- 271 김수영, 혹은 시적 양심 | 이은정
- 272 의학사상사 | 여인석
- 273 서양의학의 역사 | 이재담
- 274 몸의 역사 | 강신익
- 275 인류를 구한 항균제들 | 예병일
- 276 전쟁의 판도를 바꾼 전염병 | 예병일
- 277 사상의학 바로 알기 | 장동민
- 278 조선의 명의들 | 김호
- 279 한국인의 관계심리학 | 권수영
- 280 모건의 가족 인류학 | 김용환
- 281 예수가 상상한 그리스도 | 김호경
- 282 사르트르와 보부아르의 계약결혼 | 변광배
- 283 초기 기독교 이야기 | 진원숙
- 284 동유럽의 민족 분쟁 | 김철민
- 285 비잔틴제국 | 진원숙
- 286 오스만제국 | 진원숙
- 287 별을 보는 사람들 | 조상호
- 288 한미 FTA 후 직업의 미래 | 김준성
- 289 구조주의와 그 이후 | 김종우
- 290 아도르노 | 이종하
- 291 프랑스 혁명 | 서정복
- 292 메이지유신 | 장인성
- 293 문화대혁명 | 백승욱
- 294 기생 이야기 | 신현규
- 295 에베레스트 | 김법모
- 296 빈 | 인성기
- 297 발트3국 | 서진석
- 298 아일랜드 | 한일동
- 299 이케다 하야토 | 권혁기
- 300 박정희 | 김성진
- 301 리콴유 | 김성진
- 302 덩샤오핑 | 박형기
- 303 마거릿 대처 | 박동운
- 304 로널드 레이건 | 김형곤
- 305 셰이크 모하메드 | 최진영
- 306 유엔사무총장 | 김정태
- 307 농구의 탄생 | 손대범
- 308 홍차 이야기 | 정은희

309	인도 불교사 | 김미숙	363	러시아의 정체성 | 기연수
310	아힌사 | 이정호	364	너는 사방 위험한 로봇이다 | 오은
311	인도의 경전들 | 이재숙	365	발레리나를 꿈꾼 로봇 | 김선혁
312	글로벌 리더 | 백형찬	366	로봇 선생님 가라사대 | 안동근
313	탱고 | 배수경	367	로봇 디자인의 숨겨진 규칙 | 구신애
314	미술경매 이야기 | 이규현	368	로봇을 향한 열정, 일본 애니메이션 | 안병욱
315	달마와 그 제자들 | 우봉규	369	도스토예프스키 | 박영은
316	화두와 좌선 | 김호귀	370	플라톤의 교육 | 장영란
317	대학의 역사 | 이광주	371	대공황 시대 | 양동휴
318	이슬람의 탄생 | 진원숙	372	미래를 예측하는 힘 | 최연구
319	DNA분석과 과학수사 | 박기원	373	꼭 알아야 하는 미래 질병 10가지 | 우정헌
320	대통령의 탄생 | 조지형	374	과학기술의 개척자들 | 송성수
321	대통령의 퇴임 이후 | 김형곤	375	레이첼 카슨과 침묵의 봄 | 김재호
322	미국의 대통령 선거 | 윤용희	376	좋은 문장 나쁜 문장 | 송준호
323	프랑스 대통령 이야기 | 최연구	377	바울 | 김호경
324	실용주의 | 이유선	378	테킬라 이야기 | 최명호
325	맥주의 세계 | 원융희	379	어떻게 일본 과학은 노벨상을 탔는가 | 김범성
326	SF의 법칙 | 고장원	380	기후변화 이야기 | 이유진
327	원효 | 김원명	381	샹송 | 전금주
328	베이징 | 조창완	382	이슬람 예술 | 전완경
329	상하이 | 김윤희	383	페르시아의 종교 | 유흥태
330	홍콩 | 유영하	384	삼위일체론 | 유해무
331	중화경제의 리더들 | 박형기	385	이슬람 율법 | 공일주
332	중국의 엘리트 | 주장환	386	금강경 | 곽철환
333	중국의 소수민족 | 정재남	387	루이스 칸 | 김낙중·정태용
334	중국을 이해하는 9가지 관점 | 우수근	388	톰 웨이츠 | 신주현
335	고대 페르시아의 역사 | 유흥태	389	위대한 여성 과학자들 | 송성수
336	이란의 역사 | 유흥태	390	법원 이야기 | 오호택
337	에스파한 | 유흥태	391	명예훼손이란 무엇인가 | 안상운
338	번역이란 무엇인가 | 이향	392	사법권의 독립 | 조지형
339	해체론 | 조규형	393	피해자학 강의 | 장규원
340	자크 라캉 | 김용수	394	정보공개란 무엇인가 | 안상운
341	하지홍 교수의 개 이야기 | 하지홍	395	적정기술이란 무엇인가 | 김정태·홍성욱
342	다방과 카페, 모던보이의 아지트 | 장유정	396	치명적인 금융위기, 왜 유독 대한민국인가 | 오형규
343	역사 속의 채식인 | 이광조	397	지방자치단체, 돈이 새고 있다 | 최인욱
344	보수와 진보의 정신분석 | 김용신	398	스마트 위험사회가 온다 | 민경식
345	저작권 | 김기태	399	한반도 대재난, 대책은 있는가 | 이정직
346	왜 그 음식은 먹지 않을까 | 정한진	400	불안사회 대한민국, 복지가 해답인가 | 신광영
347	플라멩코 | 최명호	401	21세기 대한민국 대외전략 | 김기수
348	월트 디즈니 | 김지영	402	보이지 않는 위협, 종북주의 | 류현수
349	빌 게이츠 | 김익현	403	우리 헌법 이야기 | 오호택
350	스티브 잡스 | 김상훈	404	핵심 중국어 간체자(簡體字) | 김현정
351	잭 웰치 | 하정필	405	문화생활과 문화주택 | 김용범
352	워런 버핏 | 이민주	406	미래주거의 대안 | 김세용·이재준
353	조지 소로스 | 김성진	407	개방과 폐쇄의 딜레마, 북한의 이중적 경제 | 남성욱·정유석
354	마쓰시타 고노스케 | 권혁기	408	연극과 영화를 통해 본 북한 사회 | 민병욱
355	도요타 | 이우광	409	먹기 위한 개방, 살기 위한 핵외교 | 김계동
356	기술의 역사 | 송성수	410	북한 정권 붕괴 가능성과 대비 | 전경주
357	미국의 총기 문화 | 손영호	411	북한을 움직이는 힘, 군부의 패권경쟁 | 이영훈
358	표트르 대제 | 박지배	412	인민의 천국에서 벌어지는 인권유린 | 허만호
359	조지 워싱턴 | 김형곤	413	성공을 이끄는 마케팅 법칙 | 추성엽
360	나폴레옹 | 서정복	414	커피로 알아보는 마케팅 베이직 | 김민주
361	비스마르크 | 김장수	415	쓰나미의 과학 | 이호준
362	모택동 | 김승일	416	20세기를 빛낸 극작가 20인 | 백승무

417 20세기의 위대한 지휘자 | 김문경
418 20세기의 위대한 피아니스트 | 노태헌
419 뮤지컬의 이해 | 이동섭
420 위대한 도서관 건축 순례 | 최정태
421 아름다운 도서관 오디세이 | 최정태
422 롤링 스톤즈 | 김기범
423 서양 건축과 실내디자인의 역사 | 천진희
424 서양 가구의 역사 | 공혜원
425 비주얼 머천다이징&디스플레이 디자인 | 강희수
426 호감의 법칙 | 김경호
427 시대의 지성, 노암 촘스키 | 임기대
428 역사로 본 중국음식 | 신계숙
429 일본요리의 역사 | 박병학
430 한국의 음식문화 | 도현신
431 프랑스 음식문화 | 민혜련
432 중국차 이야기 | 조은아
433 디저트 이야기 | 안호기
434 치즈 이야기 | 박승용
435 면(麵) 이야기 | 김한송
436 막걸리 이야기 | 정은숙
437 알렉산드리아 비블리오테카 | 남태우
438 개헌 이야기 | 오호택
439 전통 명품의 보고, 규장각 | 신병주
440 에로스의 예술, 발레 | 김도윤
441 소크라테스를 알라 | 장영란
442 소프트웨어가 세상을 지배한다 | 김재호
443 국제난민 | 김철민
444 셰익스피어 그리고 인간 | 김도윤
445 명상이 경쟁력이다 | 김필수
446 갈매나무의 시인 백석 | 이숭원
447 브랜드를 알면 자동차가 보인다 | 김홍식
448 파이온에서 힉스 입자까지 | 이강영
449 알고 쓰는 화장품 | 구희연
450 희망이 된 인문학 | 김호연
451 한국 예술의 큰 별 동랑 유치진 | 백형찬
452 경허와 그 제자들 | 우봉규
453 논어 | 윤홍식
454 장자 | 이기동
455 맹자 | 장현근
456 관자 | 신창호
457 순자 | 윤무학
458 미사일 이야기 | 박준복
459 사주(四柱) 이야기 | 이지형
460 영화로 보는 로큰롤 | 김기범
461 비타민 이야기 | 김정환
462 장군 이순신 | 도현신
463 전쟁의 심리학 | 이윤규
464 미국의 장군들 | 여영무
465 첨단무기의 세계 | 양낙규
466 한국무기의 역사 | 이내주
467 노자 | 임헌규
468 한비자 | 윤찬원
469 묵자 | 박문현
470 나는 누구인가 | 김용신

471 논리적 글쓰기 | 여세주
472 디지털 시대의 글쓰기 | 이강룡
473 NLL을 말하다 | 이상철
474 뇌의 비밀 | 서유헌
475 버트런드 러셀 | 박병철
476 에드문트 후설 | 박인철
477 공간 해석의 지혜, 풍수 | 이지형
478 이야기 동양철학사 | 강성률
479 이야기 서양철학사 | 강성률
480 독일 계몽주의의 유학적 기초 | 전홍석
481 우리말 한자 바로쓰기 | 안광희
482 유머의 기술 | 이상훈
483 관상 | 이태룡
484 가상학 | 이태룡
485 역경 | 이태룡
486 대한민국 대통령들의 한국경제 이야기 1 | 이장규
487 대한민국 대통령들의 한국경제 이야기 2 | 이장규
488 별자리 이야기 | 이형철 외
489 셜록 홈즈 | 김재성
490 역사를 움직인 중국 여성들 | 이양자
491 중국 고전 이야기 | 문승용
492 발효 이야기 | 이미란
493 이승만 평전 | 이주영
494 미군정시대 이야기 | 차상철
495 한국전쟁사 | 이희진
496 정전협정 | 조성훈
497 북한 대남 침투도발사 | 이윤규
498 수상 | 이태룡
499 성명학 | 이태룡
500 결혼 | 남정욱
501 광고로 보는 근대문화사 | 김병희
502 시조의 이해 | 임형선
503 일본인은 왜 속마음을 말하지 않을까 | 임영철
504 내 사랑 아다지오 | 양태조
505 수프림 오페라 | 김도윤
506 바그너의 이해 | 서정원
507 원자력 이야기 | 이정익
508 이스라엘과 창조경제 | 정성호
509 한국 사회 빈부의식은 어떻게 변했는가 | 김용신
510 요하문명과 한반도 | 우실하
511 고조선왕조실록 | 이희진
512 고구려조선왕조실록 1 | 이희진
513 고구려조선왕조실록 2 | 이희진
514 백제왕조실록 1 | 이희진
515 백제왕조실록 2 | 이희진
516 신라왕조실록 1 | 이희진
517 신라왕조실록 2 | 이희진
518 신라왕조실록 3 | 이희진
519 가야왕조실록 | 이희진
520 발해왕조실록 | 구난희
521 고려왕조실록 1 (근간)
522 고려왕조실록 2 (근간)
523 조선왕조실록 1 | 이성무
524 조선왕조실록 2 | 이성무

525 조선왕조실록 3 | 이성무
526 조선왕조실록 4 | 이성무
527 조선왕조실록 5 | 이성무
528 조선왕조실록 6 | 편집부
529 정한론 | 이기용
530 청일전쟁 | 이성환
531 러일전쟁 | 이성환
532 이슬람 전쟁사 | 진원숙
533 소주이야기 | 이지형
534 북한 남침 이후 3일간, 이승만 대통령의 행적 | 남정옥
535 제주 신화 1 | 이석범
536 제주 신화 2 | 이석범
537 제주 전설 1 | 이석범
538 제주 전설 2 | 이석범
539 제주 전설 3 | 이석범
540 제주 전설 4 | 이석범
541 제주 전설 5 | 이석범
542 제주 민담 | 이석범
543 서양의 명장 | 박기련
544 동양의 명장 | 박기련
545 루소, 교육을 말하다 | 고봉만·황성원
546 철학으로 본 앙트러프러너십 | 전인수
547 예술과 앙트러프러너십 | 조명계
548 예술마케팅 | 전인수
549 비즈니스상상력 | 전인수
550 개념설계의 시대 | 전인수
551 미국 독립전쟁 | 김형곤
552 미국 남북전쟁 | 김형곤
553 초기불교 이야기 | 곽철환
554 한국가톨릭의 역사 | 서정민
555 시아 이슬람 | 유흥태
556 스토리텔링에서 스토리두잉으로 | 윤주
557 백세시대의 지혜 | 신현동
558 구보 씨가 살아온 한국 사회 | 김병희
559 정부광고로 보는 일상생활사 | 김병희
560 정부광고의 국민계몽 캠페인 | 김병희
561 도시재생이야기 | 윤주
562 한국의 핵무장 | 김재엽
563 고구려 비문의 비밀 | 정호섭
564 비슷하면서도 다른 한중문화 | 장범성
565 급변하는 현대 중국의 일상 | 장시,리우린,장범성
566 중국의 한국 유학생들 | 왕링윈, 장범성
567 밥 딜런 그의 나라에는 누가 사는가 | 오민석
568 언론으로 본 정부 정책의 변천 | 김병희
569 전통과 보수의 나라 영국 1-영국 역사 | 한일동
570 전통과 보수의 나라 영국 2-영국 문화 | 한일동
571 전통과 보수의 나라 영국 3-영국 현대 | 김언조
572 제1차 세계대전 | 윤형호
573 제2차 세계대전 | 윤형호
574 라벨로 보는 프랑스 포도주의 이해 | 전경준
575 미셸 푸코, 말과 사물 | 이규현
576 프로이트, 꿈의 해석 | 김석
577 왜 5왕 | 홍성화
578 소가씨 4대 | 나행주
579 미나모토노 요리토모 | 남기학
580 도요토미 히데요시 | 이계황
581 요시다 쇼인 | 이희복
582 시부사와 에이이치 | 양의모
583 이토 히로부미 | 방광석
584 메이지 천황 | 박진우
585 하라 다카시 | 김영숙
586 히라쓰카 라이초 | 정애영
587 고노에 후미마로 | 김봉식
588 모방이론으로 본 시장경제 | 김진식
589 보들레르의 풍자적 현대문명 비판 | 이건수
590 원시유교 | 한성구
591 도가 | 김대근
592 춘추전국시대의 고민 | 김현주
593 사회계약론 | 오수웅

커피 이야기

펴낸날	초판 1쇄 2004년 5월 15일
	초판 17쇄 2021년 8월 9일

지은이	김성윤
펴낸이	심만수
펴낸곳	(주)살림출판사
출판등록	1989년 11월 1일 제9-210호

주소	경기도 파주시 광인사길 30
전화	031-955-1350 팩스 031-624-1356
홈페이지	http://www.sallimbooks.com
이메일	book@sallimbooks.com

ISBN	978-89-522-0226-0 04080
ISBN	978-89-522-0096-9 04080(세트)

※ 값은 뒤표지에 있습니다.
※ 잘못 만들어진 책은 구입하신 서점에서 바꾸어 드립니다.

함께 읽으면 좋은 책 — 사회·문화

089 커피 이야기 `eBook`

김성윤(조선일보 기자)

커피는 일상을 영위하는 데 꼭 필요한 현대인의 생필품이 되어 버렸다. 중독성 있는 향, 마실수록 감미로운 쓴맛, 각성효과, 마음의 평화까지 제공하는 커피. 이 책에서 저자는 커피의 발견에 얽힌 이야기를 통해 그 기원을 설명한다. 커피의 문화사뿐만 아니라 커피에 대한 일반적인 정보 및 오해에 대해서도 쉽고 재미있게 소개한다.

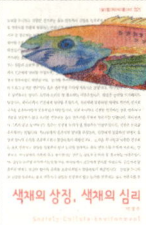

021 색채의 상징, 색채의 심리

박영수(테마역사문화연구원 원장)

색채의 상징을 과학적으로 설명한 책. 색채의 이면에 숨어 있는 과학적 원리를 깨우쳐 주고 색채가 인간의 심리에 어떤 작용을 하는지를 여러 가지 분야의 사례를 통해 설명한다. 저자는 색에는 나름대로의 독특한 상징이 숨어 있으며, 성격에 따라 선호하는 색채도 다르다고 말한다.

001 미국의 좌파와 우파 `eBook`

이주영(건국대 사학과 명예교수)

진보와 보수 세력의 변천사를 통해 미국의 정치와 사회 그리고 문화가 어떻게 형성되고 변해왔는지를 추적한 책. 건국 초기의 자유방임주의가 경제위기의 상황에서 진보-좌파 세력의 득세로 이어진 과정, 민주당과 공화당의 대립과 갈등, '제2의 미국혁명'으로 일컬어지는 극우파의 성장 배경 등이 자연스럽게 서술된다.

002 미국의 정체성 10가지 코드로 미국을 말하다 `eBook`

김형인(한국외대 연구교수)

개인주의, 자유의 예찬, 평등주의, 법치주의, 다문화주의, 청교도 정신, 개척 정신, 실용주의, 과학·기술에 대한 신뢰, 미래지향성과 직설적 표현 등 10가지 코드를 통해 미국인의 정체성과 신념을 추적한 책. 미국인의 가치관과 정신이 어떠한 과정을 통해서 형성되고 변천되어 왔는지를 보여 준다.

사회 · 문화

058 중국의 문화코드

강진석(한국외대 연구교수)

중국의 핵심적인 문화코드를 통해 중국인의 과거와 현재, 문명의 형성 배경과 다양한 문화 양상을 조명한 책. 이 책은 중국인의 대표적인 기질이 어떠한 역사적 맥락에서 형성되었는지 주목한다. 또한, 구체적이고 실제적인 여러 사물과 사례를 중심으로 중국인의 사유방식에 대해 설명해 주고 있다.

057 중국의 정체성 `eBook`

강준영(한국외대 중국어과 교수)

중국, 중국인을 우리는 과연 어떻게 이해해야 하나? 우리 겨레의 역사와 직·간접적으로 끊임없이 영향을 주고받은 중국, 그러면서도 아직까지 그들의 속내를 자신 있게 말할 수 없는, 한편으로는 신비스럽고, 한편으로는 종잡을 수 없는 중국인에 대한 정체성을 명쾌하게 정리한 책.

015 오리엔탈리즘의 역사 `eBook`

정진농(부산대 영문과 교수)

동양인에 대한 서양인의 오만한 사고와 의식에 준엄한 항의를 했던 에드워드 사이드의 오리엔탈리즘. 이 책은 에드워드 사이드의 이론 해설에 머무르지 않고 진정한 오리엔탈리즘의 출발점과 그 과정, 그리고 현재와 미래의 조망까지 아우른다. 또한 오리엔탈리즘이 사이드가 발굴해 낸 새로운 개념이 결코 아님을 역설한다.

186 일본의 정체성 `eBook`

김필동(세명대 일어일문학과 교수)

일본인의 의식세계와 오늘의 일본을 만든 정신과 문화 등을 소개한 책. 일본인을 지배하는 이데올로기는 무엇이고 어떤 특징을 가지는지, 일본을 주목해야 하는 이유는 무엇인지 등이 서술된다. 일본인 행동양식의 특징과 토착적인 사상, 일본사회의 문화적 전통의 실체에 대한 분석을 통해 일본의 정체성을 체계적으로 살펴보고 있다.

사회·문화

261 노블레스 오블리주 세상을 비추는 기부의 역사

예종석(한양대 경영학과 교수)

프랑스어로 '높은 사회적 신분에 상응하는 도덕적 의무'를 뜻하는 노블레스 오블리주. 고대 그리스부터 현대까지 이어지고 있는 노블레스 오블리주의 역사 및 미국과 우리나라의 기부 문화를 살펴보고, 새로운 시대정신으로 노블레스 오블리주를 부활시킬 수 있는 가능성을 모색해 본다.

396 치명적인 금융위기, 왜 유독 대한민국인가 `eBook`

오형규(한국경제신문 논설위원)

이 책은 전 세계적인 금융 리스크의 증가 현상을 살펴보는 동시에 유달리 위기에 취약한 대한민국 경제의 문제를 진단한다. 금융안정망 구축 방안과 같은 실용적인 경제정책에서부터 개개인이 기억해야 할 대비책까지 제시해 주는 이 책을 통해 현대사회의 뉴노멀이 되어 버린 금융위기에서 살아남는 방법을 확인해 보자.

400 불안사회 대한민국, 복지가 해답인가 `eBook`

신광영 (중앙대 사회학과 교수)

대한민국 사회의 미래를 위해서 복지는 선택이 아니라 필수라고 말하는 책. 이를 위해 경제 위기, 사회해체, 저출산 고령화, 공동체 붕괴 등 불안사회 대한민국이 안고 있는 수많은 리스크를 진단한다. 저자는 사회적 위험에 대응하기 위한 복지 제도야말로 국민 모두의 삶의 질을 높일 수 있는 길이라는 것을 역설한다.

380 기후변화 이야기 `eBook`

이유진(녹색연합 기후에너지 정책위원)

이 책은 기후변화라는 위기의 시대를 살면서 우리가 알아야 할 기본지식을 소개한다. 저자는 기후변화와 관련된 핵심 쟁점들을 모두 정리하는 동시에 우리가 행동해야 할 실천적인 대안을 제시한다. 이를 통해 독자들은 기후변화 시대를 사는 우리가 무엇을 해야 할 것인지에 대하여 생각해 볼 수 있을 것이다.

사회·문화

eBook 표시가 되어있는 도서는 전자책으로 구매가 가능합니다.

- 001 미국의 좌파와 우파 | 이주영
- 002 미국의 정체성 | 김형인 eBook
- 003 마이너리티 역사 | 손영호
- 004 두 얼굴을 가진 하나님 | 김형인
- 005 MD | 정욱식 eBook
- 006 반미 | 김진웅
- 007 영화로 보는 미국 | 김성곤 eBook
- 008 미국 뒤집어보기 | 장석정
- 009 미국 문화지도 | 장석정
- 010 미국 메모랜덤 | 최성일
- 015 오리엔탈리즘의 역사 | 정진농 eBook
- 021 색채의 상징, 색채의 심리 | 박영수
- 028 조폭의 계보 | 방성수
- 037 마피아의 계보 | 안혁
- 039 유대인 | 정성호 eBook
- 048 르 몽드 | 최연구 eBook
- 057 중국의 정체성 | 강준영 eBook
- 058 중국의 문화코드 | 강진석
- 060 화교 | 정성호 eBook
- 061 중국인의 금기 | 장범성
- 077 21세기 한국의 문화혁명 | 이정덕 eBook
- 078 사건으로 보는 한국의 정치변동 | 양길현 eBook
- 079 미국을 만든 사상들 | 정경희 eBook
- 080 한반도 시나리오 | 정욱식 eBook
- 081 미국인의 발견 | 우수근
- 083 법으로 보는 미국 | 채동배
- 084 미국 여성사 | 이창신 eBook
- 089 커피 이야기 | 김성윤 eBook
- 090 축구의 문화사 | 이은호
- 098 프랑스 문화와 상상력 | 박기현 eBook
- 119 올림픽의 숨은 이야기 | 장원재
- 136 학계의 금기를 찾아서 | 강성민 eBook
- 137 미·중·일 새로운 패권전략 | 우수근
- 142 크리스마스 | 이영제
- 160 지중해학 | 박상진
- 161 동북아시아 비핵지대 | 이삼성 외
- 186 일본의 정체성 | 김필동 eBook
- 190 한국과 일본 | 하우봉 eBook
- 217 문화콘텐츠란 무엇인가 | 최연구 eBook
- 222 자살 | 이진홍 eBook
- 223 성, 억압과 진보의 역사 | 윤가현 eBook
- 224 아파트의 문화사 | 박철수 eBook
- 227 한국 축구 발전사 | 김성원 eBook
- 228 월드컵의 위대한 전설들 | 서준형
- 229 월드컵의 강국들 | 심재희
- 231 일본의 이중권력 쇼군과 천황 | 다카시로 고이치
- 235 20대의 정체성 | 정성호 eBook
- 236 중년의 사회학 | 정성호 eBook
- 237 인권 | 차병직 eBook
- 238 헌법재판 이야기 | 오호택
- 248 탈식민주의에 대한 성찰 | 박종성 eBook
- 261 노블레스 오블리주 | 예종석
- 262 미국인의 탄생 | 김진웅
- 279 한국인의 관계심리학 | 권수영
- 282 사르트르와 보부아르의 계약결혼 | 변광배
- 284 동유럽의 민족 분쟁 | 김철민
- 288 한미 FTA 후 직업의 미래 | 김준성 eBook
- 299 이케다 하야토 | 권혁기 eBook
- 300 박정희 | 김성진 eBook
- 301 리콴유 | 김성진 eBook
- 302 덩샤오핑 | 박형기 eBook
- 303 마거릿 대처 | 박동운 eBook
- 304 로널드 레이건 | 김형곤 eBook
- 305 세이크 모하메드 | 최진영
- 306 유엔사무총장 | 김정태 eBook
- 312 글로벌 리더 | 백형찬
- 320 대통령의 탄생 | 조지형
- 321 대통령의 퇴임 이후 | 김형곤
- 322 미국의 대통령 선거 | 윤용희
- 323 프랑스 대통령 이야기 | 최연구
- 328 베이징 | 조창완
- 329 상하이 | 김윤희
- 330 홍콩 | 유영하
- 331 중화경제의 리더들 | 박형기
- 332 중국의 엘리트 | 주장환
- 333 중국의 소수민족 | 정재남
- 334 중국을 이해하는 9가지 관점 | 우수근
- 344 보수와 진보의 정신분석 | 김용신
- 345 저작권 | 김기태
- 357 미국의 총기 문화 | 손영호
- 358 표트르 대제 | 박지배
- 359 조지 워싱턴 | 김형곤
- 360 나폴레옹 | 서정복
- 361 비스마르크 | 김장수
- 362 모택동 | 김승일
- 363 러시아의 정체성 | 기연수
- 364 너는 시방 위험한 로봇이다 | 오은
- 365 발레리나를 꿈꾼 로봇 | 김선혁
- 366 로봇 선생님 가라사대 | 안동근
- 367 로봇 디자인의 숨겨진 규칙 | 구신애
- 368 로봇을 향한 열정, 일본 애니메이션 | 안병욱
- 378 데킬라 이야기 | 최명호
- 380 기후변화 이야기 | 이유진 eBook
- 385 이슬람 율법 | 공일주
- 390 법원 이야기 | 오호택
- 391 명예훼손이란 무엇인가 | 안상운
- 392 사법권의 독립 | 조지형
- 393 피해자학 강의 | 장규원 eBook
- 394 정보공개란 무엇인가 | 안상운 eBook
- 396 치명적인 금융위기, 왜 유독 대한민국인가 | 오형규 eBook
- 397 지방자치단체, 돈이 새고 있다 | 최인욱 eBook
- 398 스마트 위험사회가 온다 | 민경식 eBook
- 399 한반도 대재난, 대책은 있는가 | 이정직 eBook
- 400 불안사회 대한민국, 복지가 해답인가 | 신광영 eBook
- 401 21세기 대한민국 대외전략: 낭만적 평화란 없다 | 김기수 eBook
- 402 보이지 않는 위협, 종북주의 | 류현수 eBook
- 403 우리 헌법 이야기 | 오호택
- 405 문화생활과 문화주택 | 김용범 eBook
- 406 미래 주거의 대안 | 김세용·이재준
- 407 개방과 폐쇄의 딜레마, 북한의 이중적 경제 | 남성욱·정유석 eBook
- 408 연극과 영화를 통해 본 북한사회 | 민병욱 eBook
- 409 먹기 위한 개방, 살기 위한 외교 | 김계동 eBook
- 410 북한 정권 붕괴 가능성과 대비 | 전경주 eBook
- 411 북한을 움직이는 힘, 군부의 패권경쟁 | 이영훈 eBook
- 412 인민의 천국에서 벌어지는 인권유린 | 허만호 eBook
- 428 역사로 본 중국음식 | 신계숙 eBook
- 429 일본요리의 역사 | 박병학 eBook
- 430 한국의 음식문화 | 도현신 eBook
- 431 프랑스 음식문화 | 민혜련 eBook
- 438 개헌 이야기 | 오호택
- 443 국제 난민 이야기 | 김철민
- 447 브랜드를 알면 자동차가 보인다 | 김흥식 eBook
- 473 NLL을 말하다 | 이상철 eBook

(주)살림출판사
www.sallimbooks.com
주소 경기도 파주시 문발동 522-1 | 전화 031-955-1350 | 팩스 031-955-1355